编委会名单

从物理
走向生涯

——高、初中生涯规划课例集锦

卞　红　孙鸿飞 ◎ 编著

暨南大学出版社
JINAN UNIVERSITY PRESS

中国·广州

图书在版编目 (CIP) 数据

从物理走向生涯：高、初中生涯规划课例集锦 / 卞红，孙鸿飞编著. —广州：暨南大学出版社，2023.5

ISBN 978-7-5668-3656-4

Ⅰ．①从… Ⅱ．①卞… ②孙… Ⅲ．①中学物理课—教学参考资料 ②高中生—职业选择 ③初中生—职业选择 Ⅳ．① G634.73 ② G635.5

中国国家版本馆 CIP 数据核字（2023）第 077121 号

从物理走向生涯：高、初中生涯规划课例集锦
CONG WULI ZOUXIANG SHENGYA: GAO、CHUZHONG SHENGYA GUIHUA KELI JIJIN

编著者：卞　红　孙鸿飞

出 版 人：张晋升
策划编辑：姚晓莉
责任编辑：刘舜怡
责任校对：苏　洁
责任印制：周一丹　郑玉婷

出版发行：暨南大学出版社（511443）
电　　话：总编室（8620）37332601
　　　　　营销部（8620）37332680　37332681　37332682　37332683
传　　真：（8620）37332660（办公室）　37332684（营销部）
网　　址：http://www.jnupress.com
排　　版：广州尚文数码科技有限公司
印　　刷：广州市快美印务有限公司
开　　本：787mm×1092mm　1/16
印　　张：11.75
字　　数：250 千
版　　次：2023 年 5 月第 1 版
印　　次：2023 年 5 月第 1 次
定　　价：59.80 元

2019 年国务院办公厅印发了《关于新时代推进普通高中育人方式改革的指导意见》（下文简称《指导意见》），多个省市发布了本科专业在当地的选考要求，新高考的"6（7）选 3"或"3+1+2"的选科模式正式出台。在"3+1+2"的选科模式中，"1"为首选科目，考生须在物理、历史科目中选择 1 科，按原始分计入高考总分；"2"为再选科目，考生可在化学、生物、思想政治、地理科目中选择 2 科，按等级赋分计入高考总分。在这种选考模式下，物理学科的重要性不言而喻。此外，据 2022 年高考招生计划统计，近七成专业要求考生选考物理，由此也可以看出物理之于理工科人才培养的重要性。如何应对新形势下的高中育人方式和高考综合改革，是摆在所有高中师生及家长面前的一道现实课题。

如何应对新的高考模式，《指导意见》有明确的指示。第五条（十二）：注重指导实效。加强对学生理想、心理、学习、生活、生涯规划等方面指导，帮助学生树立正确理想信念、正确认识自我，更好适应高中学习生活，处理好个人兴趣特长与国家和社会需要的关系，提高选修课程、选考科目、报考专业和未来发展方向的自主选择能力。第五条（十三）：健全指导机制。各地要制定学生发展指导意见，指导学校建立学生发展指导制度，加强指导教师培训。普通高中学校要明确指导机构，建立专兼结合的指导教师队伍，通过学科教学渗透、开设指导课程、举办专题讲座、开展职业体验等对学生进行指导。注重利用高校、科研机构、企业等各种社会资源，构建学校、家庭、社会协同指导机制。高校应以多种方式向高中学校介绍专业设置、选拔要求、培养目标及就业方向等，为学生提供咨询和帮助。

从以上高中育人方式的改革可以看出生涯规划的重要性。古语有云："凡事预则立，不预则废。""先谋后事者昌，先事后谋者亡。"先贤古训早已告诉我们事前规划的重要性。而新高考又对高中生职业生涯规划的能力提出了更高的要求，客观上要求参与选考的科目为学生的生涯规划铺就道路，指明未来的方向。正因如此，能够拓展和挖掘学科领域的生涯规划课程就变得非常有价值。

广东省是第一批"3+1+2"高考模式的示范省，珠海市教育研究院响应新高考政策，开展了相关的研究。其中物理学科在 2018 年底就组建了一支生涯规划团队，专门研究生涯规划在物理学科方向的渗透。团队开展了一系列课程研究和实践活动，在研究过程中吸引了其他学科高中教师甚至初中教师陆续加入。不断的实践摸索最终形成了高中、初中一体化的基于物理学科的生涯规划体系。本书的内容主要是以物理学科知识为背景，以物理教师为主导，针对中学生如何选择大学专业和未来职业等问题，开设具体的模拟体验的生涯规划指导课程。这是一本符合当前高考形式的关于生涯规划的各种课程案例的汇编，极具指导作用。

在本书中，初中的基于物理学科的生涯规划课程注重让学生接触相关的各行各业，通过社会实践活动充分认识到相关职业的特点，并树立正确的生涯观念；高中的课程开发则遵循学生从自我认知到职业认知的原则，以霍兰德职业兴趣测试及 MBTI 性格测试数据为基础，并结合学科专业知识开展一系列的职业规划课程、活动或讲座等，对高中生进行专业指导，使其认清自己的学科优势和职业倾向，引导其做出合理的学科选择。虽然高中都会开设生涯规划课程，但是这些课程都较为浅显，而这种以物理专业知识为背景的科学指导有助于学生进一步认识自身的优势和不足，学会清晰地自我定位，思考和规划自己的未来，增强学习内驱力，提高自身素养。

市场上的生涯规划类图书大多由心理学家或生涯规划师所著，通常与学生的实际情况有较大偏差，而本书案例是由一线物理教师主导，从专业角度设计开发的生涯规划课程有很强的专业性和实用性。本书不仅适合初、高中物理教师阅读，也适合各学科各学段的教师阅读。本书所收集的案例都是一线物理教师最具创新性的第一手课程资料，这在全国来说都是很稀缺的，能满足新高考改革这个大背景下高中师生、家长对生涯规划教育的需求，也将在未来引领各学科教师设计开发出更多实用的生涯规划课程。

本书的作者团队从 2018 年底就一直致力于研究生涯规划在物理学科方向的渗透，经过多年的潜心钻研，积累了大量的理论和实践素材，获得了不错的成绩。2021 年珠海市获批"广东省高中物理学科教研基地"，这为近几年生涯规划课程的构建奠定了坚实的基础，也让我们更有信心进一步开展研究。最后要感谢珠海物理生涯规划学会的各位同仁提供宝贵的课程资料，正是大家勇于创新、集思广益、齐心合力，本书才得以问世。限于篇幅，本书只能挑选部分典型案例，不足之处敬请批评指正。

北京师范大学（珠海）附属高级中学　孙鸿飞

2022 年 12 月

雁过留痕，我们走过的路……

起步！——时代在召唤

2018 年 10 月 17—18 日，"2018 年广东省普通高中学生发展指导与生涯教育教学研讨活动"在珠海市第一中学举行，本次活动由新成立的广东教育学会生涯教育专业委员会主办，汇集了国家及省、市生涯教育专家，"新高考与生涯教育""生涯规划教育的中观思考""教师专业成长与学生生涯规划""学校生涯教育整体行动方案"等富含学术研究价值的话题引起了近四百名与会者的强烈反响。其中，华东师范大学刘良华教授在讲座上呼吁："心理健康以外的其他学科教师，尤其是物理学科教师应率先开展生涯教育实践研究。"这个倡议引起了现场众多物理老师的注意。生涯教育是我国新高考改革背景下新的教育模式，其最终目的是让学生真正了解自己、认识专业、接触职业，为拥有一个优质的职业未来打下坚实基础。从这个意义上讲，我们物理老师责无旁贷。

实践！——与思考并行

我首先与物理教师们沟通了关于物理学科开展生涯规划课程建设的想法，立即得到了北京师范大学（珠海）附属高级中学物理科组的积极响应，孙鸿飞和陈俊老师带领物理科组教师率先开始了课程实践，紧接着初中物理科组在解瑞兴校长的推动下也积极开始了活动研究，每一次活动都带给教师们不一样的感受和惊喜。

2019 年 1 月 10 日，开展珠海市职业生涯规划课程主题研究活动［北京师范大学（珠海）附属高级中学］。①公开课：北京师范大学（珠海）附属高级中学乐琼、翟艳荣《物理职场体验课（一）》，孙鸿飞、张玉良、陈俊《物理职场体验课（二）》。②讲座：北京师范大学（珠海）附属高级中学孙鸿飞《物理职场体验课的设计与实践研究》，珠海市第一中学黄海宁《高一学生物理选科指导讲座》。

2019 年 3 月 21 日，开展珠海市职业生涯规划课程主题研究活动（珠海市梅华中学专场）。①公开课：珠海市梅华中学管凌燕、吕林《未来之路：职业生涯规划引领自我成长（一）》，赵冬梅、罗靖婷《未来之路：职业生涯规划引领自我成长（二）》。②讲座：珠海市梅华中学解瑞兴《初中职业生涯规划体验式课程的探索与研究》，管凌燕《校长·老师·学生一起去"打工"》。

2019 年 4 月 11 日，举办珠海市高中物理生涯规划课程研究活动月（一）。①公开课：珠海市第三中学吕友谊、王莹《物理习题引领课（之一）》，崔焕焕、吕瑶《物理习题引领课（之二）》。②讲座：珠海市实验中学林东星《生活中的圆周运动与职场未来的展望》，吕磊《物理职场故事课的实践与思考》；珠海市斗门第一中学朱玉柱《职业生涯家长课的实践与思考》。

2019 年 4 月 18 日，举办珠海市高中物理生涯规划课程研究活动月（二）。①公开课：珠海市第二中学周聪、李琪琪《职业生涯渗透课》。②讲座：珠海市第二中学周聪《从电影中培养学生的职场能力的探索》，李琪琪《高中物理教学中渗透职业生涯教育的探索》；广东实验中学珠海金湾学校林泽坤《职业能力探究课的实践与思考》，江丽《职业能力探究课——物理光学知识在近代制造业的应用》。

2019 年 4 月 25 日，举办珠海市高中物理生涯规划课程研究活动月（三）。①公开课：北京师范大学（珠海）附属高级中学孙鸿飞、张玉良《物理职场体验课（之一）》，乐琼、翟艳荣《物理职场体验课（之二）》。②讲座：北京师范大学（珠海）附属高级中学张玉良《高中物理职场体验课"面试官"角色的定位与思考》，乐琼《高中物理职场体验课的课堂流程设计》，翟艳荣《高中物理职场体验课的职业选择设计》，孙鸿飞《高中物理职场体验课再实践的深度思考》。

2019 年 5 月 9 日，举办珠海市高中物理生涯规划课程研究总结会。北京师范大学（珠海）附属高级中学孙鸿飞《珠海市高中物理生涯规划课程体系的构建》；珠海市第三中学吕友谊《高中物理习题引领课的探索与实践》，崔焕焕《高中物理课程中人文精神指引生涯规划的设计与思考》，王莹《高中"物理小老师"的实践与生涯规划课程》；珠海市第一中学黄海宁《宇宙航行中的航空航天生涯路》。

2019 年 5 月 23 日，开展珠海市中小学生涯规划 STEAM 跨界课程双目标达成课堂观察主题研究活动。①公开课：珠海市梅华中学解瑞兴、珠海市香洲区第二十一小学杨子蕊《白海豚的寻亲之旅》，珠海市香洲区第二十一小学林嘉媛、珠海市梅华中学蓝关云《大力士——起重机》；②研讨：珠海市梅华中学解瑞兴《中小学 STEAM 跨界课程助力教师的专业发展》，珠海市香洲区第二十一小学杨子蕊《通过学生问卷统计数据分析学生学习目标的达成情况》，北京师范大学（珠海）附属高级中学邹卫平《基于 Gephi 数据优化选拔班级干部的方法探索》。

2019 年 5 月 30 日，开展珠海市中小学生涯规划 STEAM 跨界课程双目标达成课堂观察主题研究活动。①公开课：珠海市斗门区城东中学林健华、珠海市香洲区荣泰小学陈彩凤《千年梦圆在今朝》。②研讨：珠海市斗门区城东中学林健华《中小学 STEAM 跨界课程跨学科同课同构授课教师的专业发展》，珠海市香洲区荣泰小学陈彩凤《通过学生问卷统计数据分析学生学习目标的达成情况》，珠海市斗门区博雅中学何聪玲《基于 Gephi 数据优化学习小组分组的探索》。

2019 年 8 月 30 日，开展珠海市高中物理教师全员培训。北京师范大学（珠海）附属高级中学孙鸿飞《珠海市高中物理生涯规划课程的探索与实践》，广东实验中学珠海金湾学校江丽、林泽坤《高中物理生涯规划主题探索课——我来给黑洞拍照》，珠海市第三中学吕友谊《高中物理生涯规划习题引领课——流浪地球》。

2020 年 9 月 24 日，开展珠海市基于深度学习的西部振兴"1+3"行动计划教学研究项目——初中学生生涯规划课程项目研究（珠海市金鼎中学专场，指导教师：解瑞兴、孙鸿飞、莫茵茵、张德智）。①公开课：珠海市金鼎中学黄心怡、李昕、王薪、许慧华《红树林——我的梦》；②讲座：珠海市金鼎中学许捷磊《初中学生生涯规划课程建设之我见》，黄心怡《初中学生生涯规划课程建设——"淇澳岛红树林保护区植物生理生态特征调查"的项目设计与研究》，王薪《初中学生生涯规划课程建设——淇澳岛红树林的保护与宣传的项目设计与研究》，许慧华《初中学生生涯规划课程建设——用机器人守卫淇澳岛红树林的项目设计与研究》，李昕《"初中学生生涯规划课程对提高学生学业自我效能感的作用与影响"以及"淇澳岛红树林区对居民生活体验的满意度影响"的项目设计与研究》。

2020 年 11 月 26 日，开展珠海市基于深度学习的西部振兴"1+3"行动计划教学研究项目——初中学生生涯规划课程项目研究（珠海中山大学附属中学专场，指导教师：张德智、解瑞兴、孙鸿飞、莫茵茵）。①公开课：珠海中山大学附属中学丘宇秋、邱红霞、王双红、孙巧珍《搜捕太空中的涟漪——"天琴计划"招聘会》。②讲座：珠海中山大学附属中学张德智《关于高新区初中学生生涯规划课程建设的设计与思考》，珠海市梅华中学解瑞兴《我校初中学生生涯规划课程建设再思考》，北京师范大学（珠海）附属高级中学孙鸿飞《高中学生生涯规划课程建设再思考》，珠海市紫荆中学桃园路校区莫茵茵《评课：搜捕太空中的涟漪——"天琴计划"招聘会》。

2020 年 12 月 24 日，开展珠海市基于深度学习的西部振兴"1+3"行动计划教学研究项目——初中学生生涯规划课程项目研究（珠海市金鼎中学专场，指导教师：解瑞兴、孙鸿飞、莫茵茵、张德智）。①公开课：珠海市金鼎中学黄心怡、李昕、王薪、许慧华《"红树林——我的梦"中期汇报课》。②讲座：珠海市金鼎中学许捷磊《从宏观层面上分析生涯规划课程的后阶段设计》，黄心怡《初中学生生涯规划课程建设——"探索红树林家族共生共存的秘密"阶段性评价与展望》，王薪《"初中学生生涯规划课程建设——淇澳岛红树林的保护与宣传的项目设计与研究"阶段性评价与展望》，许慧华《"初中学生生涯规划课程建设——用机器人守卫淇澳岛红树林的项目设计与研究"阶段性评价与展望》，李昕《"初中学生生涯规划课程建设——淇澳岛红树林区对居民生活体验的满意度影响"阶段性评价与展望》。

2021年1月7日，开展珠海市基于深度学习的西部振兴"1+3"行动计划教学研究项目——初中物理同课同构主题研究活动。①公开课：珠海市紫荆中学桃园路校区刘宋、董莉《动态电路——滑动变阻器及"电表"范围类》，孙振国、周序乐《多档电路》，莫茵茵《评课："多档电路"的同课同构》，谈学婕《评课："动态电路"的同课同构》。②跨学科同课同构案例分析：珠海中山大学附属中学张德智《"搜捕太空中的涟漪——'天琴计划'"研究课同课同构授课模式分析》，珠海市紫荆中学桃园路校区丘宇秋《"搜捕太空中的涟漪——'天琴计划'"研究课中物理教师的角色定位》；珠海市金鼎中学李昕《"走近红树林"研究课心理学知识的运用》，黄心怡《"走近红树林"研究课同课同构授课模式分析》；珠海市梅华中学解瑞兴《义务教育生涯规划研究中跨学科同课同构的意义与价值》。

2021年6月10日，开展珠海市基于深度学习的西部振兴"1+3"行动计划教学研究项目——初中学生生涯教育课程项目研究。①公开课：珠海高新区青鸟北附实验学校陈炜、冯鹤、黄舒琪、程方明、区嘉朗《传承茶粿文化，助力扶贫攻坚》。②讲座：珠海高新区青鸟北附实验学校陈炜《初中学生生涯教育课程建设——从价值观出发》，冯鹤《不能只是感觉它（生涯规划）很重要》，程方明《拓宽扶贫道路，真扶贫，扶真贫》，黄舒琪《初中学生生涯教育课程建设——基于物理学科素养的探索》，区嘉朗《初中学生生涯教育课程建设——从实践出发》。

2021年6月17日，开展"珠海教育大讲堂"关于同课同构的主题研讨活动。①职业生涯现场课：珠海市香洲区第五小学徐新梅、王明清《难忘的小学生活纪念册》，指导教师：珠海市香洲区第五小学李方振、陈曦、刘燕桃。②讲座：珠海市教育研究院卞红《"同课同构"理论解析及在各类课程中的应用研究》，珠海市香洲区第五小学陈曦《同课同构——从同学科走向跨学科的生涯课程实践探索》。

2021年10月14日，召开广东省高中物理学科基地项目组工作会议。珠海市第一中学杨卓《项目一："明珠课堂——高中物理课堂教学实践研究"工作计划与安排》，珠海市第二中学胡媛君《项目二："高中物理创新实验研究"工作计划与安排》，北京师范大学（珠海）附属高级中学孙鸿飞《项目三："中学物理生涯教育研究"工作计划与安排》，珠海市第二中学王波《项目四："高中物理质量监测结果的应用研究"工作计划与安排》，珠海市第三中学吕友谊《项目五："高中物理作业的设计与研究"工作计划与安排》。

2022 年 2 月 24 日，召开珠海市高中物理生涯规划指导讲座：北京师范大学（珠海）附属高级中学孙鸿飞《高中物理生涯规划应用研究》。

总结！——有专家助跑

经过几年的课程实践，我们积累了很多成功的经验，在广东省物理教研员余耿华和李文郁老师的直接指导下，在珠海市教育研究院韩延辉书记、熊志权主任和生涯规划教研员王健副院长的大力支持下，我们开始着手总结研究成果，为了弥补团队成员生涯规划领域知识的不足，我们聘请专家给予了专业指导。

2022 年 4 月 14 日，广东省高中物理学科教研基地生涯规划项目组举办精品案例研讨活动，深圳市光明区教育局生涯教育指导中心主任刘会金教授召开讲座——《中小学生涯教育教学设计指导》，珠海市教育研究院副院长王健对研究成果提出指导意见。

2022 年 5 月至今，组织广东省高中物理学科教研基地生涯规划成果编辑研讨会，在深圳市光明区教育局生涯教育指导中心主任刘会金教授的直接指导下，广东省高中物理学科教研基地生涯规划项目组的教师编辑、修改、完善案例。

经过五年多的实践，尤其是经历了从高中到初中、从初中到小学的跨学段跨学科多层面的探索，我们深深地感受到：帮助学生尽早地了解自己、了解社会、了解职业和体验职业是十分有必要的！生涯规划课程的构建需要所有学科教师的共同探索，提高学生自我认知能力，减少成长中的盲目性，更需要学校和社会多层面的参与。本书旨在推动各学科教师参与生涯规划课程建设，感谢珠海市教育局、珠海市教育研究院及相关实践学校对物理学科开展的生涯规划探索活动给予的大力支持！本书难免存在疏漏与不足之处，敬请读者批评指正，我们必将继续努力前行！

珠海市教育研究院　卞红

2022 年 12 月

目 录

CONTENTS

生涯规划的物理学科渗透——模拟职场体验课

翟艳荣　孙鸿飞　乐琼　张玉良

教师风采

翟艳荣　北京师范大学（珠海）附属高级中学教师，研究生学历，中学一级教师，毕业于北京师范大学。积极参加市级公开课、讲座、命题、比赛等活动，并获得一、二、三等奖等各种奖项。虚心好学，不断探索，积累了一定的教学经验，带班成绩名列前茅，深受学生爱戴，多次获得教学质量优秀奖，以及优秀教师、优秀班主任等荣誉称号。参加省级课题1项，市级课题2项，均已结题。曾担任珠海市高二物理命题中心组成员。

孙鸿飞　北京师范大学（珠海）附属高级中学教师，研究生学历，高级教师，现任北京师范大学（珠海）附属中学高二年级主任，珠海市高中物理命题中心组成员，珠海市高中物理生涯规划协会会长，广东省高中物理学科教研基地项目负责人，曾2次担任珠海市物理名师工作室核心成员。曾获省教育教学成果二等奖及各类教学比赛奖项10余项，发表论文10余篇。共参加9项课题研究，其中国家级课题2项、省级课题4项、市级课题2项，其中6项已结题，3项为主持课题。

教学蓝图

（1）增强学生自我认知和职业认知，引导学生根据霍兰德职业兴趣测试结果来初步判断自己的兴趣导向，利用相关职业常识做初步的选科准备工作。

（2）普及和加深学生对升学的认知，引导学生预测和探索自己的职业方向及与之相关的物理学科要求，特别是要加深对高校招生指南中物理学科分类的研究。

（3）利用职场模拟体验活动来验证学生对自己选科所做的决定是否科学合理，再寻找修正的办法。

（4）职场模拟体验的设计：①学生自测；②职业介绍；③职业前景预测；④匹配职业；⑤确定选科。

（5）学生思考选科的理由与依据，根据霍兰德职业兴趣测试结果再确定第二选择。

课程概况

授课课题

生涯规划的物理学科渗透——模拟职场体验课。

同构教师

主题引入：翟艳荣、乐琼。

模拟招聘部分：孙鸿飞（统筹协调）。

面试官：翟艳荣、乐琼、张玉良。

授课时间

2019 年 4 月 25 日，2 课时。

授课地点

北京师范大学（珠海）附属高级中学高一（8）班，录播室和微格教室。

上课区域（录播室）

面试区域（微格教室）

教学目标

（1）通过霍兰德职业兴趣测试，帮助学生更深层次地认识自我，初步判断自己适合什么类型的职业。

（2）通过大学招生计划，帮助学生明确高中职业规划，找寻自己感兴趣的职业。

（3）通过模拟职场体验，让学生确认职业与自己的匹配程度，发现自身特长。

（4）理论联系实际，激发学生学习物理的兴趣，增强学习内驱力。

（5）宣传职业特征，帮助学生结合职业认知和自我认知，做出选择。

学情分析

2019 年 4 月，广东省正式推行了高中的新教改方案，其中物理和历史二选一作为高考科目，生物、化学、思想政治、地理四选二作为高考科目。随着新课改的正式出台，各省市都积极投入新课改的教育教学研究，学科生涯规划课也应运而生。传统的生涯规划课主要由心理教师来开展教学，而我们是以物理教师为主，开设关于物理学科方面的生涯规划课，比如物理职场体验课，对学生选择专业的影响是巨大的。

这种形式的教学有以下几方面的意义：①为新高考政策下的高一学生搭建了一座认识外部世界的信息桥梁，让学生全方位、多角度地了解社会需求，提升广大学生的职业意识。②培养学生物理方面的科学素养及职业技能，使其体会到大学和职场竞争的激烈。③促使学生进一步认识自身的优势和不足，学会清晰地定位自我，思考和规划自己的未来，增强学习内驱力，提高自身素质。

在科学的指导下，学生通过理论和实践来判断自己是否要选择物理科目，这会对其以后的专业成长和职业发展产生深远的影响。

教学资源

教学工具或材料：多媒体设备、大张白纸、贴纸、奖品等。

教学过程

导入新课 ——计划用时 5min

教师活动

（1）以视频引入课堂，并提出问题：轮船靠什么改变方向？

（2）教师讲解霍兰德职业兴趣测试，给予学生了解自我的参考手段。

（3）介绍教育部要求必考物理的19类专业。

学生活动

（1）学生回答问题："螺旋桨。"聆听、了解自我测试的方法。

（2）学生参考自己的测试结果选择合适的职业，制作简历。

设计意图

（1）以视频引入课堂，一方面激发学生的学习兴趣，另一方面方便设置疑问，鼓励学生思考，为新知教学做好准备。

（2）学生参考霍兰德职业兴趣测试结果，初步判断自己的兴趣方向。

（3）加强学生升学认知，特别是对高校招生指南中物理学科分类的研究，引导学生预判职业选择方向。

新知教学　　——计划用时 20min

教师活动

学生分组汇报调查报告：

（1）教师职业调查报告汇报。

内容概述：教师资格证，学历要求，就业前景，良好的素质和交流能力，普通话水平测试证书。

教师职业调查报告汇报

（2）医生职业调查报告汇报。

内容概述：医生的定义，医生的分类，就业前景，职业道德，对医生的提问。

医生职业调查报告汇报

（3）基金经理职业调查报告汇报。

内容概述：广发证券背景介绍，借壳上市思路及操作过程，借壳上市遇到的障碍，如何成为一名基金经理。

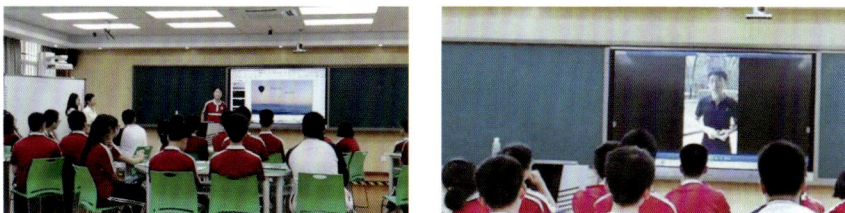

基金经理通过视频介绍行业具体情况

学 生 活 动

（1）各小组代表汇报职业调查报告。

（2）乔医生与学生互动。

学生向医生提问，邀请乔医生解答学生的几个问题：①您在医院什么科工作？②您平时主要做些什么工作？③请您说一说当医生的感想。

（3）学生观看视频，聆听基金经理的行业介绍以及从事这个行业需要具备的条件。

设 计 意 图

增加学生的职业认知。

生涯体验　——计划用时 35min

教 师 活 动

模拟招聘：

（1）岗位设置。

共 48 名学生，按照 2/3 的比例录取，招聘岗位的数量设置如下：

①翟艳荣老师为教师职位面试官，招聘 10 名教师。

②张玉良老师为医生职位面试官，招聘 12 名医生。

③乐琼老师为基金经理职位面试官，招聘 10 名基金经理。

（2）招聘现场布置。

①设置模拟招聘区域。

②设置招聘成功和招聘待成功区域，便于学生在招聘过后进行讨论、反思和总结。

（3）面试题目设置。

①教师职位面试题目：如何成为一名合格的教师？

②医生职位面试题目：如何成为一名合格的医生？

③基金经理职位面试题目：假如有一个基金需要推广，你会怎么做？

（4）待成功区域的学生在物业经理的带领下体验招聘门槛稍低的其他工作，比如参与校内保洁活动。

学生活动

（1）学生带上自己的简历和能力打分卡，准备好自我介绍，参与模拟招聘。

（2）等待中的同学，可以观察他人面试过程，学习经验。

（3）招聘结束，进入成功区域和待成功区域。

（4）讨论并总结经验。

（5）积极思考，并回答问题。（问答环节学生可以多次回答问题，面试官适当加分）

设计意图

（1）当场公布招聘结果，宣布有 32 名同学进入成功区域，16 名同学进入待成功区域。

（2）让学生在"成功"和"失败"的过程中，体验职场生活残酷的一面，也进一步让学生意识到生涯规划的重要性。

升华部分　——计划用时 5min

教师活动

小组合作环节：

（1）教师分享招聘经验，通过自己成功和失败的经历，给予学生一定的指导。

（2）学生分组讨论小组合作问题，设计一张海报呈现问题。

（3）鼓励学生发表感想，总结招聘过程中的所思所得。

孙鸿飞老师点评学生的海报

（4）颁奖。

颁奖环节

（5）心理教师单佳楠点评，安抚学生情绪。

（6）孙鸿飞老师点评。

教师点评

学生活动

（1）讨论，思考。

学生讨论

（2）总结，提出关于职业的问题。

学生总结

（3）学生成果展示。

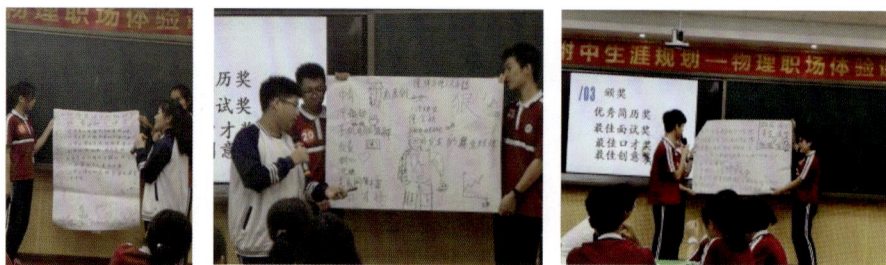

学生成果展示

设计意图

（1）虽然这只是一场模拟的招聘，但学生的反应对比强烈：成功区的同学欢欣鼓舞，待成功区的同学则表现得比较沮丧。针对这一情况，模拟招聘结束后，教师给学生介绍了自己的求职经历，也表明自身作为面试官在招聘过程中所看重的地方，便于学生在以后的学习生活中有的放矢地锻炼自己的职业能力。教师给予学生一些鼓励：未来的路还很长，一切都有可能。

（2）学生通过本次模拟招聘体验，判断自己的选科是否科学合理，再确定第二选择。

学案设计

课堂流程设计

主题名称	生涯规划的物理学科渗透——模拟职场体验课
要求	①目标明确具体；②教学流程清晰完整；③师生活动科学合理；④教学方法等体现学科特点。
教学目标	（1）通过霍兰德职业兴趣测试，帮助学生更深层次地认识自我，初步判断自己符合什么类型的职业。 （2）通过大学招生计划，帮助学生明确高中职业规划，找寻自己感兴趣的职业。 （3）通过模拟职场体验，让学生确认职业与自己的匹配程度，发现自身特长。 （4）理论联系实际，激发学生学习物理的兴趣，增强学习内驱力。 （5）宣传职业特征，帮助学生结合职业认知和自我认知，做出选择。

（续上表）

主题名称	生涯规划的物理学科渗透——模拟职场体验课
教学过程	（1）直接导入，揭示课题。 同学们，今天我们开展一个新的课题——"模拟职场体验课"（出示课题）。 社会上的工作岗位你知道有哪些吗？你的父母是从事什么工作的？（预设：教师、医生、基金经理……）除了这些你还知道哪些工作岗位？ （2）市场调查PPT展示。 由三个职业调查组的组长分别上台展示本组的职业调查报告，每个职业调查报告汇报结束后由对应的专业人士点评。 （3）职位面试。 将学生按照面试简历分为三组，每组由面试官提出问题进行群面，三组面试同时进行。 （4）公布结果。 通过群面环节，选出优秀的学生，公布"最佳面试奖""优秀简历奖"以及成功区名单，待成功区的学生由物业经理带去劳动。 （5）小组合作。 将学生按照职业分为五组，每组分配一个主题进行讨论，将讨论结果展示在海报上，讨论结束后，将海报张贴在黑板上。 （6）课堂总结。 将之前面试未通过者请回教室。每位学生都有投票权，根据黑板上张贴的海报选出"最佳创意奖"和"最佳口才奖"。最后颁奖，获奖的同学上台领奖；面试未通过者由于参加了劳动也将获得"最佳劳动奖"。 （7）课后反馈。 面试官反馈学生面试淘汰的原因，学生根据反馈内容今后弥补自己的不足，将要点记录在"学生生涯成长记录袋"（电子版亦可），为学生填报志愿做铺垫。 小结：同学们很认真地完成了本节模拟职场体验课，为未来的职业选择指明了方向。 （8）布置任务。 课后学生可以选择自己喜欢的一项职业，亲身体会一下，感受不同职业的辛苦。
小组评价	

板书规划

生涯规划的物理学科渗透——模拟职场体验课

（1）职业调查结果展示。

（2）职业面试。

（3）公布结果。

（4）小组合作。

（5）课堂总结。

触觉延伸

为了增进学生与社会之间的联系，我们开展了模拟职场体验课，这堂课的意义主要体现在以下几点：

（1）在上课之前，对学生做了调查，调查大家将来想从事的职业，选取得票数前三名的职业开展模拟招聘。

（2）通过介绍选考物理相关的专业，增进学生对物理相关职业的了解，让学生提前构思职业规划，获得基础认知。

（3）学生在了解职业后，内心便会具有相应的目标，激发学生的学习内驱力。

（4）本次课程选取了教师、医生、基金经理三个职位，邀请乔医生到现场分享作为一名医生的感受，课前也录制了一名基金经理的采访视频，现场播放。学生参考霍兰德职业兴趣测试结果，选择自己喜欢的职业。在群面的过程中，积极发言、踊跃参与活动的学生补录取的概率较大，一言不发、不主动、不积极的学生被淘汰的概率较大。通过这次课程，让学生明白态度决定结果，引导学生树立正面积极的学习态度；让部分学生体验挫折，从而促使其形成积极向上的学习态度。

（5）群面之后，小组分组讨论，提升学生小组合作意识，培养学生发散思维。

（6）课程最后设置奖励，分为"优秀简历奖""最佳面试奖""最佳口才奖""最佳创意奖"和"最佳劳动奖"，旨在鼓励学生以及疏导被淘汰学生的情绪。

（7）现场请了心理教师单佳楠来辅导学生，让学生有更多的收获。

（8）由于课程时间有限，只设置了三个职业，有些学生对这三个职业都不感兴趣，因无法做出选择而遭到淘汰。为了使学生的能力均衡发展，下节课将换成另外几个职业。

高中阶段是人生理想形成与职业目标树立的重要时期，也是学生时代的迷茫时期，这个时期最需要家长、教师的指导。我们要建立一个科学理性的职业生涯规划，指导学生选好科目，找到最适合自身的专业，走向大学，为其未来发展以及幸福人生奠定基础。高中教师是这段时光里陪伴学生最多的人，理应在这条路上不断探索、不断优化，坚定不移地前行。

教学评价

一、教师评价

这节课新颖独特，让学生亲身体验招聘的流程，无论是简历制作还是职业调查，以及岗位竞争，相信学生在各个环节都感受颇深。这对学生规划职业生涯以及选科有很大的指导意义。

二、学生评价

从来没有体验过这样的活动，这堂课令我印象深刻。我曾认为职业规划是遥不可及的事情，现在我对其有了更多的思考，选科时也会更慎重。

高中生涯规划职场体验活动——模拟招聘会策划方案

陈俊　孙鸿飞

教师风采

陈俊　北京师范大学（珠海）附属高级中学教师，现任北京师范大学（珠海）附属高级中学物理科组长、备课组长，教龄 15 年，长期从事高三备考工作和各项教学研究，教学经验丰富。在珠海市教育研究院组织的各项高中物理活动和比赛中多次获奖。担任珠海市高中物理命题中心组成员，多次参与珠海市高中物理期末统一测验的命题工作；经常参与珠海市教育研究院的讲座和研讨工作。

孙鸿飞　北京师范大学（珠海）附属高级中学教师，研究生学历，高级教师，现任北京师范大学（珠海）附属高级中学高二年级主任，珠海市高中物理命题中心组成员，珠海市高中物理生涯规划协会会长，广东省高中物理学科教研基地项目负责人，曾 2 次担任珠海市物理名师工作室核心成员。曾获广东省教育教学成果二等奖及各类教学比赛奖项 10 余项，发表论文 10 余篇。共参加 9 项课题研究，其中国家级课题 2 项、省级课题 4 项、市级课题 2 项，其中 6 项已结题，3 项为主持课题。

教学蓝图

　　我们设计这次适合高中生的生涯规划职场体验活动，既旨在让学生体验职场岗位竞争的激烈，认识职场优胜劣汰的残酷，也希望让更多学生在了解和体验一些高校专业、社会职业之后，找到自己喜欢或者适合从事的行业，从而对他们即将面临的高考选科起到一定的指导作用。

课程概况

授课课题

高中生涯规划职场体验活动——模拟招聘会策划方案。

同构教师

陈俊、孙鸿飞。

授课时间

2021 年 5 月 23 日，15：30—18：00。

授课地点

北京师范大学（珠海）附属高级中学体育馆。

教学目标

为新高考政策下的高一学生搭建一座发现自身兴趣特长和认识外部世界变化的信息桥梁，为做好生涯规划、树立职业理想提供一个可操作的自我认知平台。

（1）自我认知：运用霍兰德职业兴趣测试[1]，获得相关数据，帮助学生发现自身兴趣特长。

（2）职业认知：帮助学生全方位、多角度地了解社会需求，了解各种职业的特征和前景等，了解自身职业兴趣方向。

（3）职业体验：通过模拟职场体验，让学生逐步确认各职业与自己的匹配程度，初步确定适合自己的职业。

（4）职业选择：介绍职业特征，帮助学生结合职业认知和自我认知，做出选择，教导学生不要好高骛远，相信适合自己的就是最好的。

（5）职业规划：通过与面试官的交流和沟通，以及和"同行求职者"的竞争，学生能够进一步认识到自身的优势和不足，学会清晰地定位自我，思考和规划自己的未来，提升学习内驱力。

（6）职场体验：通过这次活动为高中生提供一个挑战自我、展现自我、锻炼能力和增强自信的平台，加深学生对职业的认知。

学情分析

活动对象：北京师范大学（珠海）附属高级中学2020级高一全体学生。

学生情况：2019年4月，广东省正式推行了高中的新教改方案，其中物理和历史二选一作为高考科目，生物、化学、思想政治、地理四选二作为高考科目。随着新课改的正式出台，各省市都积极投入新课改的教育教学研究，学科生涯规划课也应运而生。传统的生涯规划课程主要由心理教师开展教学，我们认为，仅仅以心理教师为主导来开展生涯规划课程是有局限性的，在加深专业认识、扩展专业视野方面收效甚微，而我们身边就有非常丰富的资源，各科教师及其从业经历就是非常有用的第一手教育材料。所以，我们以专业的科任教师为主、心理教师为辅来开展涉及多种学科如物理、化学、生物等的生涯规划课，这对学生选择专业的影响是巨大的。

教学资源

招聘会展板、容纳较多人的场地、各种评价表格等。

活动过程

主题：模拟招聘、注重体验、提升自我、竞争就业。

针对既定目标设计相应的活动环节，同时邀请家长代表、教师代表、学校领导代表和相关的社会各行业人员代表参与活动，激发学生对模拟职场招聘的兴趣与热情。

活动环节1

学生准备

参与活动的全体同学进行霍兰德职业兴趣测试，初步了解自己适合的职业类型，识记职业代码，获得第一手数据备用。

教师准备

教师对与六个代码相关的职业进行粗略分类，并指导学生认知代码。

根据调查问卷，可以将学生分为以下几种类型：

（1）现实型（R）：喜欢实在的工作，如机械维修师、木匠、厨师、管工、电工、摄影师、制图员等。R型也称"体能取向""机械取向"，这类人通常具有较强的机械技能和体力，喜欢户外工作，乐于使用各种工具和机器设备，喜欢与事务而不是与人打交道。他们真诚、谦逊、敏感、务实、朴素、节俭、腼腆。

（2）研究型（I）：喜欢研究型工作，如实验室研究员，医师，产品检验员，数学、物理学、化学、生物学等自然科学研究者，图书馆技师，程序员，电子技术工作者等。这类人通常具有较强的数学和科研能力，喜欢独立工作、解决问题，喜欢与知识而不是与人或事务打交道。他们逻辑性强、好奇、聪明、细心、独立、平和、朴素。

（3）艺术型（A）：喜欢艺术性强的工作，如音乐家、舞者、歌唱家、演员、画家、设计师、编辑、作家、文艺评论家等。这类人往往具有某些艺术上的技能，喜欢创造性的工作，富于想象力，喜欢与观念而不是与事务打交道。他们较开放、好想象、独立、有创造性。

（4）社会型（S）：喜欢社交性强的工作，如教师、教育行政人员、社会学家、社会工作者、咨询顾问、护士等。这类人通常喜欢周围有别人存在，对别人的事很有兴趣，乐于帮助别人解决难题，喜欢与人而不是与事务打交道。他们助人为乐、有责任心、热情、善于合作、富于理想、友好、善良、慷慨、有耐心。

（5）企业型（E）：喜欢有挑战性的工作，如推销员、主管、企事业领导、经理、商务主任、人寿保险业务员等。这类人通常具有领导才能和口才，对金钱和权力感兴趣，乐于影响、控制别人，喜欢与人和观念而不是与事务打交道。他们爱户外交际、具有冒险精神、精力充沛、乐观、和蔼、细心、有抱负。

（6）常规型（C）：喜欢传统的工作，如秘书、办事员、接待员、文件档案管理员、打字员、会计、出纳员等。这类人对数字敏感，计算能力强，偏爱室内工作，乐于整理、安排事务，喜欢与文字、数字打交道。他们比较顺从、务实、细心、节俭、做事利索、很有条理性、有耐心。

以下是北京师范大学（珠海）附属中学开展的霍兰德职业兴趣测试案例：

霍兰德职业兴趣测试表（部分）

学号	姓名	R分数	I分数	A分数	S分数	E分数	C分数
2018××××	陈×好	17	25	33	29	20	16
2018××××	陈×壬	19	22	14	19	14	8
2018××××	陈×婷	16	17	26	21	16	16
2018××××	黄×华	5	16	27	8	6	7
2018××××	黄×风	19	12	24	21	15	17
2018××××	吉×天	27	25	18	16	16	10
2018××××	蓝×捷	21	14	27	27	18	12
2018××××	雷×明	12	14	11	11	4	6
2018××××	雷×芯	3	8	21	12	6	8

（续上表）

学号	姓名	R分数	I分数	A分数	S分数	E分数	C分数
2018×××	李×扬	38	31	41	44	44	27
2018×××	李×欣	17	26	12	19	10	12
2018×××	连×金	15	22	33	28	32	31
2018×××	梁×希	9	4	14	19	9	13
2018×××	林×琦	30	19	2	5	3	6
2018×××	刘×琪	14	19	23	38	43	27
2018×××	刘×竹	15	4	22	13	10	15
2018×××	刘×琛	8	9	2	7	7	1
2018×××	刘×	11	13	7	15	6	12
2018×××	马×璐	4	7	22	17	7	6
2018×××	马×嘉	20	17	29	25	24	9

校方准备

　　与此同时，校方提前半个月准备好本次模拟职场招聘会的应聘单位及岗位介绍，并做成展板，放到校园人流量最大的食堂门口，让学生提前了解各种招聘岗位，为预选应聘岗位做好准备。同时校方还要提前布置好模拟招聘会现场的展位及其他设施。

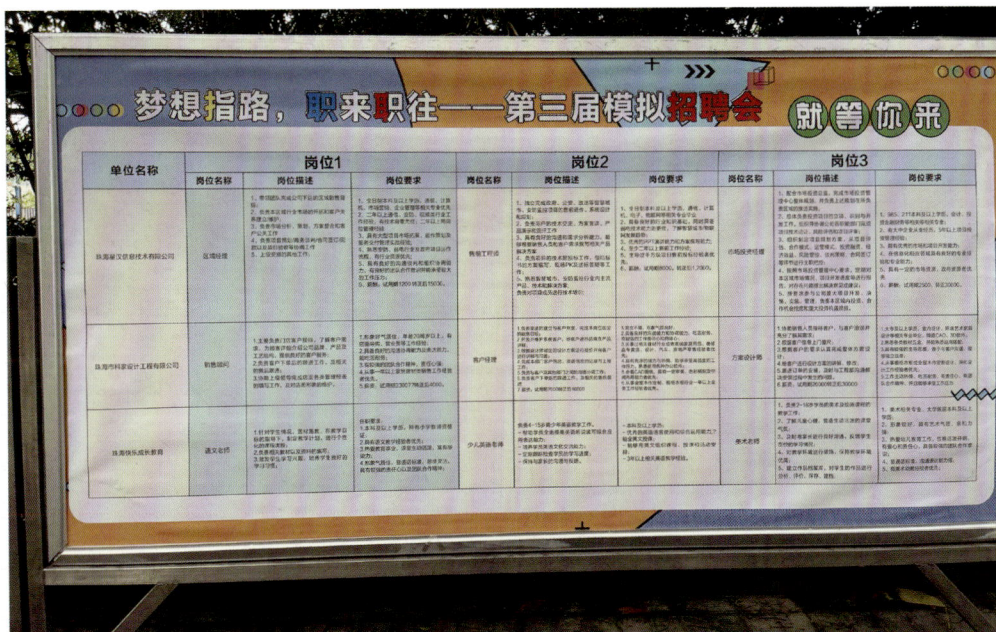

模拟招聘会展板（局部）

活动环节 2

学生准备

学生可以结合自己的性格特点和兴趣特长，在了解学校提供的各种招聘岗位的具体信息以后，挑选一到两个目标应聘岗位，并针对该岗位设计自己的招聘简历，做好应聘准备。

我校学生的岗位报名表（部分）

编号	单位名称	岗位名称	岗位编号	学生1	学生2	学生3	学生4
A	珠海市妇幼保健院	医师	A-1	古××	杨××	潘××	王××
		护士	A-2	蓝××	郭××	黄××	
		检验技师	A-3	王××	谢××	赖××	韩××
B	珠海市汉业房地产开发有限公司	招聘专员	B-1	朱××	图××	努××	周××
		置业顾问	B-2	梁××	吴××	刘××	许××
		法务专员	B-3	王××	李××	罗××	曾××
C	佳晟国际（香港）有限公司	技术工程师	C-1	李××	吴××	郑××	魏××
		跟单客服员	C-2	阿××	梁××	戴××	林××
		业务销售员	C-3	李××	周××	陈××	热××
D	深圳市明喆物业管理有限公司	储备干部/助理	D-1	谢××	郑××	郑××	热××
		主管	D-2	翁××	叶××	高××	马××
		文员	D-3	陈××	胡××	王××	刘××
E	中国农业银行珠海拱北支行	国际部储备人才	E-1	曾××	朱××	余××	庄××
		公司部储备人才	E-2	张××	龚××	唐××	梁××
		个金部储备人才	E-3	麦××	倪××	肖××	肖××
F	友邦保险有限公司广东分公司珠海中心支公司	保险师	F-1	欧××	陈××	杨××	森××
		组织发展专员	F-2	如××	黄××	林××	许××
		绩效管理专员	F-3	花××	蒋××	吴××	陈××
G	珠海承鑫教育科技有限公司	青少儿财商活动讲师	G-1	苏××	洪××	王××	林××
		文案策划	G-2	林××	胡××	袁××	张××
		青少儿财商指导师	G-3	张××	古××	刘××	邱××
H	珠海市白兔陶瓷有限公司	海外销售代表	H-1	杜××	卢××	卢××	贝××
		海外售后代表	H-2	莫××	黄××	杨××	罗××
		产品策划专员	H-3	刘××	丘××	侯××	曹××
I	珠海市迅安捷机电安装工程有限公司	建筑机电工程师	I-1	曾××	李××	蔡××	林××
		电气设计师	I-2	阳××	陈××	胡××	黄××
		工程造价师	I-3	张××	刘××	吴××	郑××

（续上表）

编号	单位名称	岗位名称	岗位编号	学生1	学生2	学生3	学生4
J	北京师范大学（珠海）附属高级中学	中学生物教师	J-1	郭××	罗××	刘××	蒋××
		中学数学教师	J-2	唐××	高××	杨××	努××
		中学语文教师	J-3	龚××	李××	常××	康××

教师准备

开展面试官培训，目的是让招聘相关职业的面试官具备专业认知，从而能够准确地挑选学生。

本次模拟招聘会涉及以理工学科为背景的计算机编程、软件开发、工程设计、通信、电气自动化、金融投资、会计、旅游业、教育行业等25个行业及相关岗位。面试官既有我校各科教师组成的教师面试官队伍，又有提前报名志愿参与的家长面试官队伍，他们对自身的职业及专业具有足够的认知，经过进一步的培训，能更好地与学生交流和沟通，更准确地挑选具备相关职业能力的学生。

活动环节3

学生准备

学生准备自我介绍，主要介绍职业兴趣与特长，展示对职业胜任度的设想的相关材料，做好面试的前期准备工作。

学生自我介绍

教 师 准 备

工作人员、嘉宾、面试官都到位后，准备好学生参与面试的一切硬件条件和软件条件，包括布置面试场地和其他相关设施，准备接受学生进入面试场地。基本安排如下：

（1）主持人：心理教师单佳楠，负责模拟招聘会当天的主持工作，说明现场招聘流程及注意事项，把控和总结各个环节。

心理教师单佳楠主持

（2）参与嘉宾：由副校长惠金兰担任模拟招聘会嘉宾，在招聘会启动时致辞。惠校长表示，本次模拟招聘会的主旨是为学生搭建一座认识外部世界的信息桥梁，让学生全方位、多角度地了解当今社会需求，培养学生的职业生涯意识，提升学生的求职技能，让学生体会职场竞争的激烈。希望各位同学通过与面试官的交流和沟通，能进一步认识到自身的优势和不足，学会清晰地定位自我，思考和规划自己的未来，提升学习内驱力，提高自身素质。同时也希望本次活动成为各位同学挑战自我、展现自我、锻炼能力和增强自信的平台。

副校长惠金兰致辞

（3）面试官：各招聘单位及面试官队伍做好招聘面试准备。

模拟招聘会场地

面试现场

（4）安保人员：即学校物业公司的工作人员，他们提前对模拟招聘会场地——学校体育馆进行场地划分，按各招聘单位的要求进行展位布置；模拟招聘会开展过程中维持秩序，处理突发状况等，保证模拟招聘会的正常开展。

活动环节 4

学生准备

面试官公布考核面试案例，学生在短暂准备后进行案例分析，并根据自身的分析来确定职业选择，并准备选择相关职业的理由，等待面试官的评价。

无领导小组讨论：同一单位应聘者围坐在一起，由计时员（学生面试官）组织，针对本招聘单位给出的某一案例进行讨论，教师面试官观察应聘者的表现并评价打分。具体步骤：3分钟阅题→1分钟陈述自我观点→15分钟小组讨论→5分钟总结陈词。

无领导小组讨论

案例一：海上救援

在一个寒冷的冬天，某地发生了海难，一艘游艇上有八名游客在刺骨的海水中等待救援，但是直升机每次只能够救一个人。游客情况如下：

（1）将军，男，69岁，身经百战；

（2）外科医生，女，41岁，医术高明，医德高尚；

（3）大学生，男，19岁，家境贫寒，在国际奥数比赛中获奖；

（4）大学教授，男，50岁，正在主持一个科研项目；

（5）运动员，女，23岁，奥运金牌获得者；

（6）经理人，男，35岁，擅长管理，曾将一大型企业扭亏为盈；

（7）小学校长，男，53岁，劳动模范，"五一劳动奖章"获得者；

（8）中学教师，女，47岁，桃李满天下，教学经验丰富。

请你将这八名游客按照营救的先后排序。

案例二：经费用途

某单位（外企）经费紧张，只有20万元，要办的事情有以下几项：

（1）解决办公室打电话难的问题；

（2）装修会议室、大厅等，以承办上级单位委托的大型会议；

（3）支付职工的高额医疗费用；

（4）五一劳动节为单位职工发放福利。

很明显20万元无法将这四件事情圆满办成，如果你是这个单位的分管负责人，你将如何使用这笔钱？

教师准备

教师制定评价标准，将每一位面试者的案例分析情况与基本正确的解答作比较，对无领导小组的讨论情况进行评价打分。

面试官观察评价标准

面试评分要素	分值	评分要点	评分等级		
			好	中	差
仪态举止	5	仪表端庄自然，服饰得体大方，举止稳重朴实，精神面貌良好	4～5	2～3	0～1
沟通表达能力	10	口齿清晰、普通话标准，表达准确流畅、有条理、感染力与说服力强	8～10	5～7	1～4

（续上表）

面试评分要素	分值	评分要点	评分等级		
			好	中	差
逻辑思维能力	10	思维敏捷、有条理；逻辑严密，具有广度和深度；判断准确，分析全面，辩证看待，有理有据	8～10	5～7	1～4
协调与应变能力	10	反应机敏程度；具备与人沟通、合作的意识、能力与技巧；面对压力时的心理承受力和自制力强	8～10	5～7	1～4
专业素养	20	了解、掌握专业理论及相关知识，专业素养较高	15～20	9～14	1～8
解决实际问题的能力	25	理论联系实际；分析、处理问题考虑原则性、灵活性、有效性；具备适应岗位需求的实际工作能力与业务能力	19～25	13～18	1～12
自我介绍环节	10	介绍全面；沟通、表达能力强	8～10	5～7	1～4
简历	10	设计美观；基本信息全面（包括个人基本信息、教育背景、求职意向、工作经历等）	8～10	5～7	1～4

活动环节 5

学生准备

学生完成自我介绍、自我选择和自我评价之后，允许其根据无领导小组讨论的评价结果获得选择职业的他评参考，同时允许学生作修改或再选择。

教师准备

根据学生在应聘环节的表现为其打分，同时与参与活动的家长、嘉宾商讨，尽可能准确地评判每一位学生。

（1）自我介绍环节：每个应聘者按照抽签顺序，独立进行自我介绍，由学生面试官负责计时，每人 3 分钟，由家长面试官观察应聘者的表现并评价打分。有的同学准备充分，自我介绍很精彩；有的同学则比较紧张，没能发挥好。

学生自我介绍　　　　　　　　　　　　家长面试官观察并评价打分

（2）回答面试问题：由家长面试官有针对性地提问，面试者独立回答问题；由教师面试官观察并评价打分，学生面试官计时，每个问题的回答用时不超过2分钟。

常见面试问题清单

问题1：你有什么业余爱好？

问题2：谈谈你的缺点。

问题3：谈谈你的一次失败经历。

问题4：你为什么选择我们公司？

问题5：对于这项工作，你有哪些可预见的困难？

问题6：如果我们录用你，你将怎样开展工作？

问题7：与上级意见不一致时你会怎么办？

问题8：我们为什么要录用你？

问题9：你能为我们做什么？

问题10：你是应届毕业生，缺乏经验，如何能胜任这项工作？

问题11：你希望与什么样的上级共事？

活动环节6

学生准备

反思自己对职业的认知和对选择职业的依据的分析，以及在模拟招聘中的自我表现，结合面试官的评价修正自我评价，以期后续做出更适合自己的选择。

教师准备

教师根据学生在模拟招聘过程中对职业的理解与应聘的表现，结合与其他面试官商讨的结论，帮助学生判断其选择的适合程度；并根据自己对学生的了解，结合招聘表现调整再次选择的目标，帮助学生尽量做出最好的选择。

评价准备

（1）由该面试小组的教师面试官反馈本组应聘者的面试表现，并根据评分记录表当场评出无领导小组讨论中表现最优秀的1~2名同学，赠予"附中好舌头"称号。

面试结束颁奖

（2）家长面试官筛选简历，根据评分记录表当场评出本岗位应聘者的最佳简历1~2份，简历制作者获得"附中简历王"称号。

（3）家长面试官与教师面试官共同商议，对本岗位应聘者进行综合评价，评出最终录取的学生（每个岗位1~2名），在活动最后颁发聘书。

颁发聘书

触觉延伸

一、心路历程

2019年4月，广东省正式推行高中新教改方案。学生如何选择适合自己的学科？选择怎样的学科组合更有利于学生的长远发展？怎样的学科组合更适合在大学某专业深造，并对将来的择业更有帮助？面对这些问题，学生需要更为直观的全方位的指引。广东省各地的学科生涯规划课应运而生。为满足学生的需求，我们应提供更详细的数据、更多样的体验、更丰富的经验分享等。

于是我校的物理教师和心理教师开始进行一些探索。在孙鸿飞老师的带领下，我们试着邀请本校各学科的教师参与生涯规划课，由两名教师一起授课，开设"心理＋物理"学科的"同科同构"[2]课程，进行学科的融合。后来，物理组的教师共同设计了几次"模拟招聘"课程，课堂上教师结合自己的求学和就业经历，跟学生分享了自己的生涯规划过程；此外，还展示了部分高校各种专业择业、就业的数据，学生受益匪浅，对学科组合的选择有了明确的目标，参与授课的教师也备受鼓舞。

在这样的背景下，高一学生的需求逐年递增，以孙鸿飞老师为主导的物理组同仁的努力探索获得了学校的大力支持，为了让大部分学生都能亲身体验生涯规划，我们决定策划和举办这样一场别开生面的模拟招聘会。

这种大型活动在高中可以说是闻所未闻、见所未见。我们发动了全体教师、相关的社会专业技术人员甚至一些学生家长参与。大家热情高涨，从最初的活动策划，到活动准备、活动宣传、学生投递简历，再到面试官培训以及活动现场学生的实际体验，都是非常真实有效的。

二、分析总结

本次模拟招聘会既让学生体验到了职场岗位竞争的激烈，认识到职场优胜劣汰的残酷，也让学生在了解和体验一些高校专业、社会职业后，找到自己喜欢或者适合从事的行业，从而对他们的高考选科起到一定的指导作用。同时使学生深刻认识到，要想在众多人才中脱颖而出，需要积累更多的实践经验和拥有更多的职业技能，从而促使他们在今后的学习中有更明确的目标，树立更远大的理想。

教学评价

一、面试官反思与总结

（1）经过本次模拟招聘会，我们发现大部分同学能选到自己心仪且符合自身实际情况的职业，面试时的表现也十分突出。但有些同学在选择职业时，思考的方向不够明确，导致其在面试过程中处于不利地位，希望这些同学能够根据面试评价结果，适当调整自己的职业生涯规划，做出最适合自己的职业选择。

（2）作为面试官，我们十分注意学生在应聘中的一些细节表现：比如语言表达能力，在无领导小组讨论时所展现的团结合作能力、解决问题的能力、逻辑思维能力等；还有一些特殊职业必备的专业素养，比如语文教师的普通话应十分标准等。所以学生一定要根据自身特点不断提升相应的能力和素养。

（3）本次模拟招聘会让同学们感受到了职场上岗位竞争的激烈和残酷，但我们重点保护了同学们认知和体验的热情，鼓励同学们更加积极、自信地表现自己和磨炼自己。此外还要提醒同学们注意，在招聘面试时，如果收到了否定的回答，不要丧失信心，不要妄自菲薄，更不要与协作者或者面试官发生冲突，而应坦然接受结果，进一步反思和调整自己的职业选择。因为没有正确的职业，只有适合或不适合的职业。

（4）本次模拟招聘会告诉我们，要想在众多求职者中脱颖而出，需要积累更多的实践经验和掌握更多的职业技能。因此在今后的学习中，同学们要树立更远大的理想，明确学习目标，努力提升自我。本次模拟招聘会意义非凡，对提升同学们的综合素养起到了非常重要的作用。

二、学生反思与总结

（1）通过本次模拟招聘会，学生会发现，在高中阶段选择科目（历史或物理）的不同，会直接影响高考后大学专业的选择，而专业的选择直接影响到职业的选择，两者关系密切，所以我们要慎重对待高一的选科任务。

（2）简历的制作非常重要，它是一块敲门砖，如果简历做得很糟糕或者过于夸张，求职者甚至会失去面试的资格。

（3）招聘过程中，要注意自己的仪表和行为举止，不要过于紧张，要自然、真诚地表现出自己最真实的一面；注意展现自己的逻辑思维能力、沟通表达能力、协调与应变能力、解决实际问题的能力等。要根据不同行业的要求展现自己最优秀、最擅长的一面，如一些服务行业需要较强的交流能力。对于一些需要特殊专业素养的职业，要展示自己特有的技能，以博得面试官的青睐。

（4）自我认知主要是根据自己的兴趣爱好以及能力水平来选择职业，比较主观和片面；但有了一定的社会认知以后，比如有对某种职业更深层次的了解，以及知晓面试官对自己的评价等，便可以更加客观地认识自己，从而调整自己的职业选择，做出更适合自己的生涯规划。

参考文献

[1]闻佳鑫.霍兰德职业兴趣理论及对青少年职业生涯发展的启示[J].现代教育，2021（6）：60-64.

[2]匡丽亚，卞红.同课同构：重构一种课堂授课新模式[J].珠海教育，2016（4）：7.

案例 3

物理职业能力探究课——我给黑洞拍个照

江丽　　林泽坤　　杨仪判　　黄宇阳　　梁秀锋

教师风采

江丽　广东实验中学珠海金湾学校教师，毕业于湖南师范大学，研究生学历，中学一级教师。

林泽坤　广东实验中学珠海金湾学校高中物理教师，毕业于华南师范大学。

杨仪判　广东实验中学珠海金湾学校高三物理备课组组长，高中物理高级教师，从事高中物理教学工作 18 年，有多轮高中阶段循环教学经验。

黄宇阳 广东实验中学珠海金湾学校教师。

梁秀锋 广东实验中学珠海金湾学校高中物理教师，毕业于华南师范大学。

教学蓝图

（1）认知层面。本节课从 2019 年 4 月的新闻事件"人类拍摄的首张黑洞照片"引入，播放《科普中国》的视频，由物理教师江丽介绍人类认识宇宙的过程，并给学生观看给黑洞拍照的原理的视频。学生为模拟招聘准备简历，对自身能力产生初步认知。

（2）学业层面。引导学生思考：为了给黑洞拍照，以自己现有的水平，可以做什么准备？需要具备哪些专业知识？新高考背景下，可以选择哪些专业有针对性地学习？

（3）职业层面。由物理教师林泽坤以情景剧"学校创立科技公司给黑洞拍照"为过渡，带领学生参与模拟招聘。帮助学生了解与给黑洞拍照有关的职业，以及每个职业对应的工作内容，引导学生感知自身对各种职业的兴趣程度。

（4）匹配层面。在学生初步了解相关职业的要求后，鼓励其进行学业规划，并结合学校所在区域的航空特色产业，思考如何选择职业。

课程概况

授课课题

物理职业能力探究课——我给黑洞拍个照。

同构教师

黑洞原理部分：江丽。

模拟招聘部分：林泽坤（招聘官）、杨仪判（面试官 1）、黄宇阳（面试官 2）、沈忠鑫（面试官 3）、梁秀锋（面试官 4）。

授课时间

2019 年 4 月 12 日，2 课时。

授课地点

广东实验中学珠海金湾学校高一（1）班、录播室。

授课区域

招聘区域（录播室后方）

教学目标

（1）了解自我、探索自然、产生兴趣。通过职业能力打分表，帮助学生更深层次地认识自我，激发学生探索未知世界的好奇心。

（2）了解物理、学习物理、掌握知识。带领学生一起了解与黑洞有关的物理基础与物理常识，从物理学科本身出发，了解万有引力定律的发现基础及其对自然科学的运用价值，进一步指导学生进行学业规划。

（3）了解职业、规划学业、精准选科。帮助学生做好选科工作，使其明确高中选科是为未来就业做准备，如何进行合理的职业规划根本就在于做好与职业相匹配的学业规划。

（4）体验职业、分析自我、合理选择。从职业体验的角度来开展拍黑洞照片的实践教学，指导学生从自我认知层面、学业层面、职业层面和认知匹配层面进行自我分析，从而做出最佳选择。

学情分析

新高考改革背景下，学生在经过高一年级的基础知识学习后，就将迎来选科走班阶段。新时代的高中生，不仅要熟练运用学科基础知识，也要学会规划自身的发展，从自己的兴趣、爱好、未来就业意向等方面做好自身的职业生涯规划。这也要求教师运用更加合理、有效的方式，将学生对新知识的兴趣、对未来的憧憬结合起来，在物理课堂中渗透职业生涯理论，帮助学生塑造积极向上的人生观、价值观。

教学资源

教学工具或材料：多媒体课件、各种评价表格、简历等。

教学过程

导入新课 ——计划用时 5min

教师活动

从《科普中国》中"人类的第一张黑洞照片"的视频引入，并提出问题：

（1）人类是如何实现对黑洞的观测与拍摄的？

（2）这其中需要哪些职业的参与？

观看视频

学生活动

学生讨论，在教师的带动下思考如何拍摄黑洞，并积极提出猜想。

设计意图

以视频引入课堂，一方面容易激发学生的学习兴趣；另一方面方便设置疑问，促进学生思考，为新知教学做好准备。

新知教学 ——计划用时 20min

教师活动

从学生熟悉的万有引力定律入手，开始对黑洞拍照原理的探索。

江丽老师授课

（1）介绍人类认识宇宙的过程。

内容概述：天圆地方，地球是个球体，地心说，日心说，太阳系，银河系，银河系外星云。（其中每一个重要节点的代表性人物共有 17 位）

（2）"黑洞"的提出及其特点。

爱因斯坦广义相对论引力场方程的解预言了黑洞的存在。

20 个太阳质量的恒星最终演化的结果就是黑洞。黑洞是质量非常大、体积非常小的一类特殊天体，由于黑洞引力场的存在，黑洞事件视界以内连光都无法逃逸，这让黑洞的观测变得十分困难。

（3）利用 EHT 给黑洞拍照，相当于在地球上给月球上的橙子拍照。

学生活动

（1）学生回顾万有引力定律相关知识，阅读学案，加深对人类认识宇宙的过程的理解。

（2）学生思考"给黑洞拍照"的原理，积极回答问题。

设计意图

由万有引力的相关知识引入，联系课堂，由浅入深，引申到黑洞的相关知识，激发学生的兴趣。

生涯延伸 ——计划用时 10min

教师活动

模拟场景：若干年后，学校创立了一家科技公司，想要拍摄更加清晰的黑洞照片，需要招募一批工作人员。

林泽坤老师授课

根据珠海市金湾区作为航空新区的产业特色，确定所需职业，分别是：

（1）天文学家：从事银河系、星系、太阳和其他恒星、行星、卫星等天文现象研究的人员。

（2）电子工程技术人员：从事雷达、导航系统工程研究、开发、设计和雷达、导航设备研究、开发、设计、生产的工程技术人员。

（3）新闻媒体工作者：使用照相机、感光片、光源和造型技艺在室内外拍摄人像、风景、产品及生产或生活图像信息的人员。

（4）航天器件加工成型人员：从事航天器气体、液体管道专业补偿管器件制造，光学器件磨制，燃烧室高温处理、检漏的人员。

学生活动

（1）仔细聆听关于各类职业的介绍。

（2）积极思考，并回答问题。（回答环节，面试官适当加分）

回答环节

（3）讨论交流，并初步思考自己适合什么职业。

（1）以动画图片展示各类职业，给学生视觉上的形象认识。

（2）抛出问题，激发学生寻找答案的热情，使学生更清晰地了解从事各类职业的注意事项。培养学生的表达能力，将表达过程穿插进后续"模拟招聘"的加分项中。

生涯规划   ——计划用时 25min

教 师 活 动

为了招募到合适的工作人员，教师讲解加德纳多元智能理论，给予学生自我了解的手段。

（1）学生根据量化表，给自己的职业能力打分。

（2）填写能力卡，通过自评和小组互评的方式给出最后的分数。评测一下自己的职业能力，选择合适的职业。

学 生 活 动

（1）聆听，了解自我检测的方法。

（2）讨论。

（3）自评和互评。

（4）自我总结，确定合适的职业，制作简历。

自评和互评

设 计 意 图

（1）鼓励学生根据加德纳多元智能理论，从自然、内省、语言、音乐、空间、人际、逻辑和运动八个方面来认识自己。

（2）学生采用小组自评和互评的方式，全面认识自我。

生涯体验 ——计划用时 35min

教师活动

模拟招聘：

1. 岗位设置

共 53 名学生，按照 2/3 的比例录取，招聘岗位数量设置如下：

（1）梁秀锋老师为天文学家面试官，招聘数量为 8 名。

（2）沈忠鑫老师为电子工程技术员面试官，招聘数量为 10 名。

（3）黄宇阳老师为新闻媒体工作者面试官，招聘数量为 10 名。

（4）杨仪判老师为航天器件加工成型人员面试官，招聘数量为 8 名。

2. 招聘现场布置

（1）设置模拟招聘区。

（2）设置人职匹配区和待匹配区，便于学生在招聘后进行讨论、反思和总结。

招聘现场

学生活动

（1）学生带上自己的简历和能力卡，准备好自我介绍，参加面试。

（2）观察他人面试过程，学习经验。

面试现场

（3）面试结束，进入人职匹配区和待匹配区。

（4）讨论，总结经验。

设 计 意 图

（1）当场公布招聘结果，宣布有 36 名同学进入人职匹配区，17 名同学进入待匹配区。

（2）在人职匹配的过程中，让学生体验职业招聘的竞争过程，帮助学生正确进行职业规划，也进一步让学生意识到生涯规划的重要性。

升华部分　　——计划用时 5min

教 师 活 动

（1）教师分享招聘经验，通过自己的人职匹配经历，给予学生一定的指导，安抚学生情绪。

教师分享经验

（2）鼓励学生发表感想，总结应聘过程中的所思所得。

学 生 活 动

（1）学生讨论，思考。

（2）学生发表感想。

学生发表感想

（3）聆听，总结。

设计意图

本次活动是一场模拟招聘，人职匹配区的学生欢欣鼓舞，待匹配区的学生则表现得比较沮丧。针对这一情况，模拟招聘结束后，教师给学生介绍了自己求职路上的经历，还讲述了作为面试官在招聘过程中看重的地方，以便学生在以后的学习生活中有的放矢地锻炼自己的职业能力，并给予学生一些鼓励：未来的路还很长，一切都有可能。未通过面试不代表失败，也可能是职业与自身匹配度不高，可以继续寻找喜欢且适合自己的职业。

学案设计

物理职业能力探究课——我给黑洞拍个照

一、科普引入

（1）介绍人类认识宇宙的过程。

（2）"黑洞"的提出及其特点。

（3）利用EHT给"黑洞"拍照，相当于在地球上给月球上的橙子拍照。

二、面试准备

1. 岗位介绍

若干年后，学校创立了一家科技公司，想要拍摄更加清晰的黑洞照片。岗位包括：天文学家、电子工程技术员、新闻媒体工作者、航天器件加工成型人员。

2. 学生准备

（1）学生根据加德纳多元智能理论，从自然、内省、语言、音乐、空间、人际、逻辑和运动八个方面来认识自己。

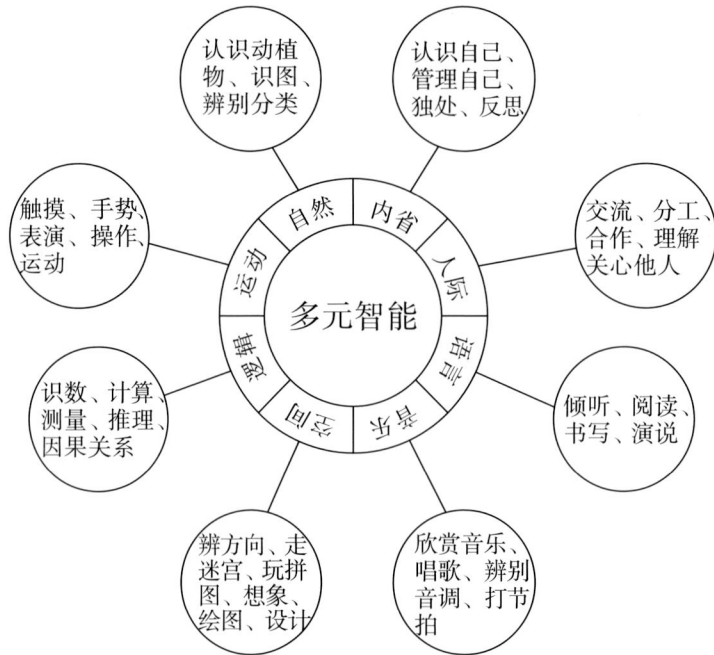

（2）学生对自己的职业能力进行打分。

职业能力量化表

组别	职业能力	8～10分	4～7分	1～3分
第一组	语言能力	理解能力、演说能力极强，知识渊博，出口成章	掌握基本词汇量，语言表达通顺，说话有条理，理解能力强，善于表达观点	词语贫乏，理解能力差，很难清晰表达自己的观点
第二组	数理能力	心算能力极强，极少出差错，解题速度快	心算能力一般，笔算能力尚可，理科学习能力较强	算数能力差，经常出错，理科的学习能力和解题能力差
第三组	空间判断能力	擅长魔方和拼图，可以想象出立体图形的平面形式	对立体图形的想象力一般，必须动手将立体图形变成平面。绘画立体图形的能力尚可	对立体图形没有空间感，立体图形变成平面图形后无法还原

（续上表）

组别	职业能力	8～10分	4～7分	1～3分
第四组	察觉细节能力	观察力极强，能发现事物的微小差别和变化	观察力较强，通过仔细观察可以发现事物的细微差别。检查能力一般	计算易出错，再次检查也很难检查出来，很难通关找不同的游戏
第五组	书写能力	能快速、工整、正确地抄写资料，准确地查找编码	抄写速度较快，字迹较为工整，有时易出错	很难长时间地抄写资料，经常出现错字，字迹不工整
第六组	运动协调能力	平衡能力、运动能力极强，擅长两到三项体育运动	运动协调性良好，经过训练能够提高运动的灵活性	很难单腿保持平衡，学习体操的时候手脚不能兼顾
第七组	动手能力	可以灵活地运用工具，擅长手工制作	动手能力良好，可以使用家用的小型工具，学习使用新工具的能力一般	动手能力差，不会使用如水果刀、镊子、针等从事细致工作的工具
第八组	社会交往能力	善于在陌生场合表达自己的观点，能主动与人交流	与陌生人交往的能力一般，很少主动与陌生人交流	人际交往被动，不善于表达自己的观点，不善交流，社会交往存在障碍
第九组	组织管理能力	在团队中常常处于管理者的位置，善于组织团体活动	虽很少主动管理团队，但是可以完成组织管理的任务，解决问题能力良好	从不承担管理者的角色，也不愿与他人协调合作。对他人的事漠不关心

（3）填写能力卡，通过自评和小组互评的方式给出最后的分数。评测一下自己的职业能力，选择合适的职业。

_____的能力卡

组别	职业能力	自评分	小组成员评分								平均分
第一组	语言能力										
第二组	数理能力										
第三组	空间判断能力										
第四组	察觉细节能力										
第五组	书写能力										
第六组	运动协调能力										
第七组	动手能力										
第八组	社会交往能力										
第九组	组织管理能力										

三、模拟招聘

学生带着简历和能力卡参加面试，招聘数量按 2/3 的比例录取。

板书规划

物理职业能力探究课——我给黑洞拍个照

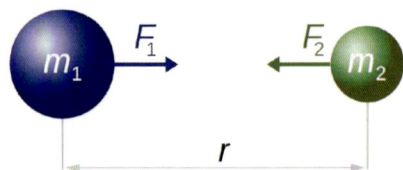

$$F_1 = F_2 = G\frac{m_1 \times m_2}{r^2}$$

触觉延伸

一、心路历程

在卞红老师的带领下，我们有幸在北京师范大学（珠海）附属中学学习了一节生涯规划课，学生在模拟招聘会场中展示出来的能力，让人印象深刻，也激起了我们对物理生涯规划课的思考。正巧，当时出现了一条引爆物理学界的新闻——第一张黑洞照片诞生了！学校所处的区域正好有与之相关的航空特色产业，在这一背景下，结合生涯规划课的教学模式，将物理与航空特色职业联动起来的想法应运而生。最终，在学校物理组教师的支持下，我们进行了初步探索，希望能够对未来职业生涯课程的开发贡献自己微薄的力量。

二、分析总结

在教学环节的设计上，从对黑洞相关知识的讲解，到对与之相关的航空产业的介绍，最后让学生勇敢地畅想，逐步引导学生进入评价自身的过程。通过模拟招聘环节，进一步让学生体验职场竞争、目标调整、修正选择的过程。对于教师和学生而言，这都是一次不错的体验。

教学评价

这样一堂物理职业能力探究课意义重大，主要体现在以下几点：

（1）引导学生了解与物理相关的职业，学生开始思考自己未来的职业，开始规划人生。

（2）在职业生涯规划的同时，激发学生的学习内驱力。

（3）在职业能力探索的过程中，我们发现数理能力、空间判断能力评分相对较高的学生会偏爱物理相关职业；应聘成功的同学一般语言能力的分数是比较高的；小组互评机制有利于学生更加客观地认识自己。

（4）根据职业倾向的比例，大致推出选科比例为3∶2.3。我们实际统计出来的高一选择物理和历史的学生比例是3∶2.47。可见这堂课对新高考选科比例的预测是有一定帮助的。

（5）在模拟招聘过程中，提前让学生感受实际招聘中的竞争与残酷，给予其一定的辅导，这同时也是一场挫折教育。

我们反思，首先，在课堂总结和感悟的过程中，如果有心理教师的介入可能效果会更好。其次，应该考虑到不是所有学生都对我们设定的职业感兴趣，可以增添同伴陪同参与招聘的环节，让整个过程更加真实和生动，此举能让没有应聘意向的学生发挥自己的作用。最后，若在模拟招聘结束后，将学生的感悟以问卷形式收集起来，就能得出更有说服力的能力和职业的指向性结果。这些是我们以后改进的地方。

参考文献

［1］何锡莲.高中物理课堂渗透职业生涯规划［J］.文理导航，2022（11）：67-69.

［2］钟志贤.多元智能理论与教育技术［J］.电化教育研究，2004，25（3）：7-11.

［3］张晓峰.对传统教育评价的变革：基于多元智能理论的教育评价［J］.教育科学研究，2002（4）：28-30.

高中物理习题课引领职业生涯规划
——流浪地球计划模拟招聘会

吕友谊　王莹　崔焕焕　吕瑶

教师风采

吕友谊　珠海市第三中学物理教师，毕业于中山大学，研究生学历，担任珠海市第三中学物理科组长。2018—2019 年参与珠海教育研究院跨学科同课同构主题研究活动，多次执教市级公开课。2017 年参加 1 项珠海市科研"十二五"课题，2018 年主持 1 项珠海市科研"十三五"微课题并结题。

王莹　珠海市第三中学物理教师，毕业于东北师范大学，研究生学历，现任珠海市第三中学高三年级副级长。曾获 2017 年和 2020 年珠海市高中教学质量突出贡献教师，2021 年珠海市优秀教师，珠海市初高中青年骨干教师能力素质提升培训班优秀学员等称号；珠海市高中物理现场教学比赛一等奖，珠海市高中物理教师测前估算能力比赛一等奖，参与省级课题和市级课题共 5 项并结题。

崔焕焕　珠海市第三中学物理教师，毕业于中国科学技术大学，研究生学历。多次执教珠海市公开课、研讨课并获得好评，主持并参与了多项珠海市课题。在教学中注重以学生为主体开展小组学习活动，取得了良好的成效。

吕瑶 珠海市第三中学专职心理教师、心理与健康科组长，发展与教育心理学硕士，高中心理高级教师，国家二级心理咨询师，广东省中小学心理健康教育 A 证教师。曾获广东省中小学心理健康教育活动课比赛一等奖，广东省中小学心理健康教育优秀成果二等奖，珠海市中小学心理健康教育现场展示一等奖，珠海市中学心理教师教学课程设计竞赛一等奖，珠海市中小学生涯教育优秀案例评选活动一等奖等。曾接受团体心理治疗、家庭治疗、沙盘治疗等心理治疗培训。

教学蓝图

（1）生涯理解——认知和目标。

人类有能力预测未来，并制订规避灾难的计划。本节课从 2019 年春节热播电影《流浪地球》引入——太阳能量耗尽，400 年内将会吞噬地球，人类被迫执行"流浪地球"计划。

（2）生涯理解——方法。

认清现实后，人类为适应未来目标制定具体的方法和策略——制造行星发动机。学生思考发动机的制造方法。

制造 10 000 台行星发动机，推动地球离开太阳系。计划分 5 个阶段：刹车、逃离、加速、减速、泊入比邻星轨道并成为比邻星的行星。

（3）生涯体验。

以电影情节设计物理习题，从物理学科角度思考生涯体验的原理和方法。第 1 课时在机动教室设置原创习题，第 2 课时在微格教室进行招聘面试。

课程概况

授课课题

高中物理习题课引领职业生涯规划——流浪地球计划模拟招聘会。

同构教师

习题引领部分：王莹。

模拟招聘部分：孙丽诗（招聘官）、曹建平（面试官1）、祝维养（面试官2）、任雅丽（面试官3）、张洁（面试官4）、刘关萍（校医，面试官5）。

授课时间

2019年4月11日，2课时。

授课地点

珠海市第三中学，机动教室和微格教室。

机动教室

微格教室

教学目标

生涯理解（目标）：为了安全的生存环境，人类要防止宇宙空难的发生。

生涯理解（认知）：人类有能力预测未来，并制订规避宇宙空难的计划。

生涯理解（方法）：对现状有清楚的认知后，人类为适应未来目标，要有具体的行动方法和策略，于是制造行星发动机。学生思考发动机的制造方法。

生涯体验：根据电影情节设计物理习题，从物理学科角度思考生涯体验的原理和方法。

学情分析

高一学生刚学完万有引力定律，对天体运动的理解停留在抽象角度，本节课运用相关规律，激发学生对与物理学相关的职业的兴趣。

教学资源

PPT、职位介绍海报、电影（节选）、心理罗盘。

教学过程

导入新课 ——计划用时 5min

教师活动

通过心理游戏热身——乌龟与乌鸦。（教师一起参与）

吕瑶老师主持心理游戏

教师活动

学生和教师共同参与心理活动。

设计意图

课堂游戏引入，让学生以轻松的状态上课。

新知教学 ——计划用时 25min

教师活动

思考题：

（1）地球表面距离地下城的直线距离为 5 000m，乘坐电梯（近似匀速直线运动）运行 15 分钟到达地下城，请计算电梯的运行速度（m/s）。

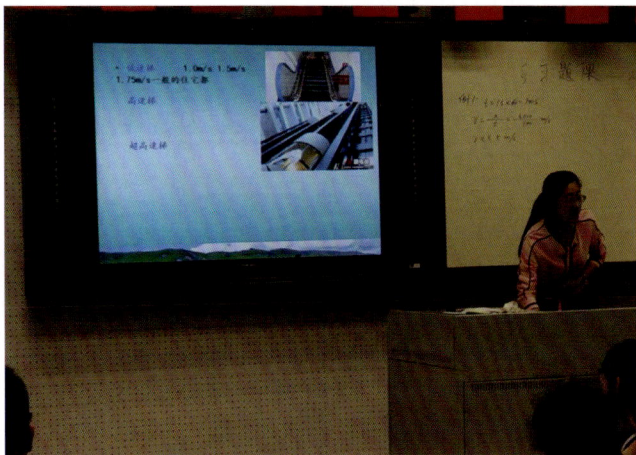

王莹老师讲解习题

（2）全球共建造 10 000 台行星发动机，提供的总动力为 150 万亿吨推力（约 1.5×10^{18}N），请计算每台行星发动机提供的推力。

（3）10 000 台行星发动机提供的总动力为 150 万亿吨推力（约 1.5×10^{18}N），地球质量约为 $m = 6 \times 10^{24}$kg，则行星发动机提供给地球的加速度是多少？当地球逃离太阳系时，速度已达到第三宇宙速度 16.7km/s，以 $a = 2.5 \times 10^{-7}$m/s^2 做匀加速直线运动，加速到光速的 0.05（1.5×10^5m/s），请计算地球的加速时间。

（4）比邻星的质量 $M = M_日/8 = 2.5 \times 10^{29}$kg，地球质量约为 $m = 6 \times 10^{24}$kg，比邻星至地球的距离为 $R = 7.5 \times 10^9$m，万有引力常量 $G = 6.67 \times 10^{-11}$N·m^2/kg^2，请计算地球绕比邻星公转周期。

学生活动

复习运动学公式和万用引力相关定律。

设计意图

习题引领。

生涯延伸 ——计划用时 5min

教师活动

角色扮演活动"流浪地球计划启动"：教师节选电影中的高潮部分进行角色扮演。

吕友谊老师主持角色扮演

学生活动

学生通过情景剧的形式表现电影主题。

设计意图

增强课堂趣味性，让学生发挥个性。

生涯规划　——计划用时 30min

教师活动

地下城招聘会：

流浪地球计划招聘公告（补充）

流浪地球计划现需要补充招聘以下相关人员，应聘成功者不必参与抽签即可得到进入地下城的许可证，在地下城任职并获得相应薪酬。所需岗位如下：

（1）祝维养老师为大数据科学家面试官，招聘数量为 2 名。

（2）曹建平老师为空间环境探测技术人员面试官，招聘数量为 2 名。

（3）刘关萍老师为校医面试官，招聘数量为 6 名。

（4）张洁老师为美工面试官，招聘数量为 5 名。

（5）孙丽诗老师为天线工程师面试官，招聘数量为 5 名。

（6）任雅丽老师为播音员面试官，招聘数量为 5 名。

本次招聘共录取 25 人，请大家踊跃展示自己的才华，祝大家找到合适的岗位。

学生活动

学生在微格教室了解面试和求职规范，针对自己心仪的职位制作简历，为面试做准备。

设计意图

让学生对与物理有关的职位有所了解，为选择职业确定方向。

生涯体验 ——计划用时 30min

教师活动

模拟招聘：

（1）引导学生到招聘会现场（微格教室）投递简历，面试完进入候场教室等待结果。

（2）公布面试结果，点到名的学生上台领小红旗作为入场凭证，进入地下城。

（3）出现转机，宣布另有 3 个进入地下城的名额，请被淘汰的学生抓住机会。给学生 1min 陈述时间，展示自己的优势、特长，即进入地下城后能做些什么。

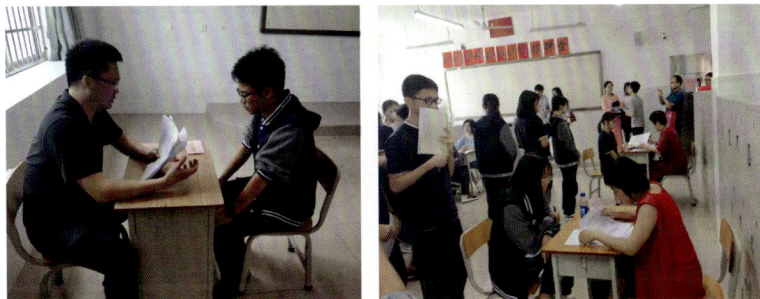

面试现场

学生活动

（1）学生带上自己的简历，准备好自我介绍，参加模拟招聘。

（2）参加面试。

（3）招聘结束，学生分别进入招聘成功区和待成功区。

公布结果

（4）讨论，总结经验。

设 计 意 图

（1）通过当场公布招聘结果的方式，宣布有 25 名学生进入招聘成功区，3 名学生进入待成功区。

（2）利用成功和"失败"的落差，让学生体验职场生活的残酷，也进一步让学生意识到生涯规划的重要性。

升华部分　——计划用时 10min

教 师 活 动

（1）学生分享求职过程的心得。

学生发表感想

（2）心理教师从职业角度对学生进行心理安抚。

学 生 活 动

（1）讨论，思考。

（2）分享经验。

（3）聆听，总结。

学案设计

高中物理习题课引领职业生涯规划——流浪地球计划模拟招聘会

一、心理游戏热身

心理游戏：乌龟与乌鸦。

二、习题课

（1）介绍《流浪地球》故事梗概。

（2）科幻不是科学，其具备科学知识，但也有夸张的成分。同学们可以运用所学知识辩证地研究其可行性。

（3）从生涯规划的角度，完成以下思考题：

①地球为什么会被太阳吞噬？

②如何避免地球被太阳吞噬？

③地球能够流浪吗？

④人类如何和地球一起流浪？

⑤流浪地球计划需要招聘哪些相关职位？

三、学生活动

表演话剧《点燃木星》。

四、地下城招聘会

（1）发布招聘公告。

（2）引导学生到招聘会现场（微格教室）投递简历，参加面试。

（3）公布面试结果，点到名的学生上台领小红旗作为入场凭证，进入地下城。

（4）出现转机，宣布另有 3 个进入地下城的名额，请被淘汰的学生抓住机会。给学生 1min 陈述时间，展示自己的优势、特长，即进入地下城后能做些什么。

（5）组织应聘成功人员作为大众评审投票，举旗作为投票方式。得票最多的 3 个学生获得最后 3 个名额。

（6）招聘结束，本次招聘会共有 54 人参加，28 人面试成功。

五、分享与讨论

（1）应聘者、面试官分享感受。

（2）发放资料，组织大家讨论如何选择职业等。

板书规划

流浪地球计划模拟招聘会

一、流浪地球计划启动：相关物理学理论分析

二、相关岗位设计

三、招聘过程

四、讨论环节

触觉延伸

一、心路历程

物理学科生涯教育刚起步时，国产电影《流浪地球》刚上映不久，学生对电影情节记忆深刻，为此我们结合了天体运动和力学的相关知识。电影中，流浪地球计划是一项团体协作工程，需要各种岗位共同努力。本次模拟招聘就是在这个契机下开展的，我们根据流浪地球计划设计实际岗位，在招聘过程中开展生涯规划教育。

二、分析总结

物理教师讲解天体运动和力学的思考题，学生复习相关知识；面试官按照职位需要给学生的面试成绩打分；学生在沟通和交流过程中认识自我，得到职业生涯启蒙；心理教师对面试失败的学生进行心理疏导，增强学生的抗挫折能力，升华本节课内容。

教学评价

一、教师评价

本节课由电影情节联系物理习题引入，让高中生对职业规划有初步了解，经过投简历、面试等，学生提前感受到职场的压力。整节课有心理教师介入，求职失败的学生也能得到安抚。课后，应引导学生总结本节课的经验，有意识地为以后进入职场做准备。

二、学生评价

本次流浪地球计划模拟招聘会激发了我对航天事业的兴趣，令我知晓物理对科学发展有巨大推动作用；另外，我对职业生涯规划有了更多思考，比如若想成为一名工程师，首先需要较强的专业知识储备，其次需要较强的毅力，并为目标持之以恒地努力。

参考文献

[1] 侯瑞灵. 高中职业生涯规划教育的探索 [J]. 广东教育（综合版），2019（10）：43-44.

[2] 向奎，段昌杰. "3+1+2" 招生考试模式的特点及选课建议 [J]. 今日教育，2019（12）：44-48.

[3] 马立忠. 高中生职业生涯规划教育对策研究 [J]. 新课程（下），2019（1）：15.

[4] 胡莹. 物理学科职业生涯教育的渗透 [J]. 物理通报，2019（11）：6-8，12.

物理职场故事课——路桥工程师的故事

吕磊　林东星

教师风采

吕磊　珠海市实验中学物理教研组组长、班主任，首批首席教师、物理高级教师、珠海市教育研究院中心备课组成员。先后荣获广东省教育教学论文比赛一等奖、广东省教学设计大赛一等奖、珠海市物理创意命题大赛一等奖、珠海市高考突出贡献奖、奥林匹克物理竞赛优秀辅导教师等荣誉称号。主持并参与多个省、市级重点课题的研究，同时撰写多篇教育教学论文发表在《物理教师》等核心期刊，参与编写了《高中物理复习教学方法策略与案例研究》《高中物理创新实验集锦》等著作。本案例中的 A 老师。

林东星　珠海市实验中学物理中级教师、班主任。曾被评为优秀班主任、优秀教师；积极承担教育公开课，曾获省级优课奖；曾在珠海市创新实验教学比赛、命题比赛中获奖。本案例中的 B 老师。

教学蓝图

（1）使学生了解生活中经常乘坐的高铁和城轨是怎样的交通工具，以及它们的运行原理是什么。

（2）认识广珠城轨，设计与其相关的课程，解析数学的弯与物理的弯之间的关系和基础知识。

（3）在认识和学习与弯道相关的物理知识和数学应用的过程中，渗透数学思想方法，发展学生的学科思维能力。

（4）展示城轨建设原理，理解与其相关的职业需要怎样的学业基础，开展面向未来职业的学业规划，启发学生选择职业所需要的专业学科知识，引导其做好准备。

课程概况

授课课题

物理职场故事课——路桥工程师的故事。

同构教师

路桥工程师（A 老师）：吕磊。

物理教师（B 老师）：林东星。

授课时间

2019 年 3 月 22 日，1 课时。

授课地点

珠海市实验中学，高一（18）班。

教学目标

一、重点定位

定量分析汽车过拱形桥和凹形桥的压力问题。

二、本课重点

（1）定量分析汽车过拱形桥和凹形桥的压力问题。

（2）定性分析城轨建设中拱形桥和凹形桥的数学计算。

（3）城轨设计与建设的职业认知和学业规划之间的关系。

三、难点挖掘

运用牛顿第二定律分析生活中的圆周运动。

四、学科核心素养目标

（1）生活常识。

了解生活中有哪些圆周运动，特别是日常生活中高速公路弯道所具有的特征，引导学生仔细观察与我们生活息息相关的广珠城轨，并查阅相关数据。

（2）学科能力。

①进一步加深对向心力的理解，能够在实际生活中分析向心力的来源。

②能定量分析汽车过拱形桥和凹形桥的压力问题。

③培养学生独立观察、分析问题、解决问题的能力，提高学生概括总结知识的能力。

④从强化知识与情境关联的角度来构建物理观念，培养学生运用物理知识和方法解释自然现象，提高学生解决实际问题的能力。

（3）思维水平。

引导学生从日常生活中发现与圆周运动有关的知识，并引导学生运用所学知识解决发现的问题。从运动过程模型建构的角度来锻炼学生的科学思维，培养学生建构模型的能力。

（4）职业导向。

分析设计师、工程师、建筑师、运营师、管理人员和养护人员等职业对学生的学科及能力的要求，通过课后让学生查阅相关资料，来进一步了解这些工作的具体方向，从而增强学生对未来职业的判断力和选择力。

学情分析

（1）本节是圆周运动的应用课，内容丰富，选取本市学生身边的广珠城轨、港珠澳大桥、珠海长隆鹦鹉过山车、教科书原有的例子，分析物体的受力情况，列方程求解。

（2）高一学生这个时候常常误认为向心力是一种特殊的力，是做匀速圆周运动的物体另外受到的力。我们必须指出学生的认识误区，并让其正确认识向心力的来源。

（3）在受力分析的过程中，特别注意让学生明确这是根据经典力学定律——牛顿第二定律进行的。

（4）培养学生运用物理规律分析生活中物品的运动原理的能力，并引导其将从中体验到的物理知识和物理原理运用到将来的工作中。

教学资源

多媒体教室，拱形桥与凹形桥模型、过山车模型、玩具小车模型，泡沫材料、卡纸、绝缘线槽，自制的教学用具等。

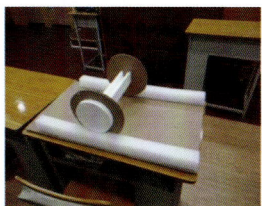

教学用具：火车车轮及轨道模型

教学用具：过山车模型

教学过程

导入新课 ——计划用时 3min

教师活动

B 老师带领学生回忆圆周运动的知识,搜索生活中的具体例子,请学生发言。同时用 PPT 展示生活中的圆周运动。介绍路桥工程师的工作,例如维护广珠城轨道路。

导入新课

学生活动

学生与教师互动,以自身所见所闻回答问题。

学生回答问题

设计意图

师生互动,设置疑问,激发学生思考,从生活中发现物理现象。

新知教学(广珠城轨:认识列车轨道) ——计划用时 7min

教师活动

A 老师展示具体的工作,让学生了解广珠城轨。

广珠城轨 2011 年 1 月 7 日正式开通,广州至珠海全程用时约 50min,全线总长约

142.2km。从广州南站出发，向南经顺德、中山抵达珠海，向西延伸到江门。

A 老师介绍他们是如何解决技术难题的。

请学生思考：

（1）列车转弯处的向心力来源何处？

（2）若轨道是平面的，是否会有危险？

（3）你仔细观察过火车车轮与铁轨的构造吗？

B 老师追问，如果内外轨道一样高，列车转弯时做曲线运动，所受的合外力应该怎么样？需要的向心力有哪些力可以提供？列车的质量很大，行驶的速度也不慢，如此长时间行驶，对轨道和列车有什么影响？路桥工程师如何改进工程设计方案才能克服技术难题？

A 老师与学生互动讨论。

A 老师介绍城轨

B 老师讲解

学生活动

（1）学生在 A 老师的指引下，从路桥工程师的角度思考并讨论：为了保证列车行驶安全、平稳、舒适，设计图中这段转弯时，需要注意哪些事项？（设转弯处的半径为 r，列车质量为 m，速度为 v，重力加速度为 g）

转弯段

学生小组讨论 A 老师提出的问题，并给出解决方案。

（2）学生根据自己的了解以及从 B 老师展出的教具中观察到的情况，说一说火车的车轮结构和轨道结构有何特点。

学生在教师的引导下得出结论：

①两侧轨道设计成水平等高的话，向心力由外侧轨道对轮缘的压力提供，极易损坏轨

道和车轮。

②类似汽车赛道，如果列车在转弯处使外轨道略高于内轨道，列车所受支持力不是竖直的，而是斜向外轨道的内侧，此时支持力与重力的合力指向圆心，成为火车转弯的向心力。

③如果根据转弯半径 r 和列车的行驶速度 v 适当调整轨道平面与水平面的倾斜角度，使转弯时所需要的向心力完全由重力 G 与支持力 F_N 的合力提供，这样外轨道就不再受轮缘的挤压。

（3）学生尝试推导出弯道的设计速度。

设计意图

锻炼学生通过观察，独立思考物理规律的能力，培养学生的探究意识。在推导公式的过程中，让学生面对困难，从挫折中学习经验，从成功中获得成就感。

新知教学（轨道的设计速度）　——计划用时 7min

教师活动

设计速度计算公式：

$$mg\tan\theta = m\frac{v_{设计}^2}{r}$$

$$\Rightarrow v_{设计} = \sqrt{gr\tan\theta}$$

B 老师继续提问：列车如果不按照这个速度行驶会怎样？

A 老师接着和学生讨论、交流：如果列车的实际速度大于或者小于设计速度，会发生什么情况？

B 老师推广：公路、赛道设计成外高内低，是不是一样的原理？

A 老师发言：其实桥梁的设计也用到了这一方面的物理知识。

学生活动

学生讨论、交流、合作，派出代表发言。

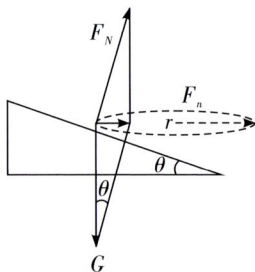

设计意图

培养学生合作与交流的能力。

新知教学（认识拱形桥1） ——计划用时 3min

教师活动

B 老师根据学生的讨论结果提出问题：桥梁的设计是否也包含圆周运动的知识？

A 老师：生活中经常见到公路上的拱形桥，它也可以看成圆周运动的一部分，例如港珠澳大桥青州航道桥部分（展示实物图）。青州航道桥这部分设有通航孔 1 个，净空高度 42m，净空宽度 318m，通航吨级 10 000 吨。

学生活动

学生在 A 老师的介绍下了解港珠澳大桥。桥面按双向六车道高速公路标准建设，设计速度每小时 100km。

设计意图

学生体会港珠澳大桥的雄伟英姿，了解祖国基础建设的伟大成果。

新知教学（认识拱形桥2） ——计划用时 4min

教师活动

B 老师：同学们，我们可以看到桥面宽敞，车辆又少，如果开车超过设计速度，即每小时 100km，是否安全？

A 老师：汽车速度太快，会有"飘离"桥面的感觉，用圆周运动的知识来解释，就变得很简单了。如果某处大桥的半径为 r，穿梭巴士的质量为 m，速度为 v，重力加速度为 g，请同学们尝试计算大桥对穿梭巴士的支持力。

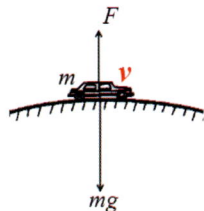

学生活动

学生很容易想到超速不安全，速度太快汽车会有"飘离"桥面的感觉，但是不容易说清楚其中的原理。

学生在 A 老师的指引下，开始对拱形桥面上的汽车作受力分析，找出向心力的来源，并思考为何超速会使得汽车"飘离"桥面。

通过分析得到：汽车过拱形桥是竖直方向的圆周运动，G 和 F_N 的合力为汽车提供做圆周运动的向心力。

学生作受力分析

培养学生分析问题、规范书写的能力。

新知教学（认识拱形桥 3） ——计划用时 5min

教 师 活 动

B 老师：同学们，从计算结果可以看出，建好的大桥，轨道半径 r 是不变的。汽车行驶的速度逐渐增大时，汽车所受到的支持力会怎样变化？会发生什么现象？

讨论交流后由学生代表发言，并请学生代表上台体验在不同速度下，汽车（用小钢珠替代）过拱形桥（用明装电线线槽替代）的感受。

学生体验

A 老师：可见汽车的速度越大，受到大桥的支持力越小，处于失重状态。当速度超过设计速度时，汽车将"飘离"桥面。所以，一定不能超速驾驶，否则非常危险。

向心力计算公式：

$$G - F_N = m\frac{v^2}{r}$$

$$\Rightarrow F_N = G - m\frac{v^2}{r}$$

学生讨论，教师巡回指导，分析计算结果，引导学生完成对各种现象的总结。学生发言。

设 计 意 图

通过对问题的讨论交流，培养学生的合作意识与探究能力。通过对驾驶速度与拱形桥的设计速度的讨论，让学生建立正确的汽车驾驶安全观念。

新知教学（认识凹形桥1）　——计划用时 5min

教 师 活 动

B 老师：看来，过港珠澳大桥一定不能超速，万一"飘"到海里，就很难自保了。那么，我们若开车进入港珠澳大桥海底隧道部分，能不能开快点呢？

A 老师：港珠澳大桥海底隧道由 33 节巨型沉管和 1 个合龙段接头组成，通航吨级为 30 万吨。考虑到海底隧道的承受能力，当汽车超过设计速度时，对汽车和大桥都是一种考验。同学们可以尝试作受力分析。

学 生 活 动

师生互动，使用教具，让学生亲身体验汽车通过凹形桥时作用力的变化。

由 2 名学生拉着线槽的左右两端，B 老师将小球（替代汽车）放在线槽（凹形桥模型）最低处，让学生感受一下手与线槽的作用力大小。然后将小球从线槽的一端释放，让学生感受一下小球经过线槽最低处时与线槽之间的作用力大小。让 2 名学生说出前后两次作用力大小的对比情况。可以明显感觉到小球以一定的速度通过凹形桥模型时，模型对手的作用力变大，即小球对凹形桥的作用力变大了。

学生体验

设计意图

将凹形桥简化、抽象成竖直方向的圆周运动，通过对比分析和科学论证，让学生建立起运动与相互作用观。

新知教学（认识凹形桥2） ——计划用时 5min

教师活动

B老师：请学生代表上台，根据刚才的体验活动，分析一下汽车通过凹形路面时，车与桥之间作用力变化的物理原理。

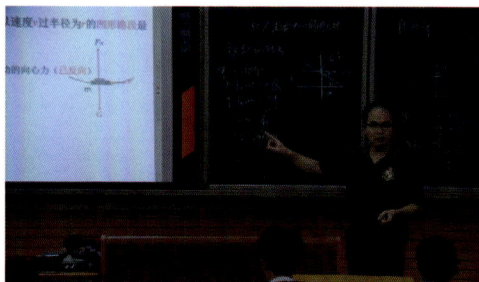

点评分析

A老师：可见汽车的速度越大，对桥的压力越大。压力比重力大，属超重现象。这种比汽车本身还要大的作用力随着车速的变大而变大，对汽车轮胎和凹形桥面都可能造成很大的破坏，这也是在凹形桥（路面）上超速行驶非常危险的原因之一。

学生活动

学生抽取主要的物理信息，建立物理模型：海底隧道与海面部分连接的出口处可看成竖直平面内的一部分圆弧轨道，如果该段轨道的半径为 r，穿梭巴士的质量为 m，速度为 v，重力加速度为 g，那么：

$$F_N - mg = m\frac{v^2}{r}$$

再由牛顿第三定律，得到穿梭巴士对大桥的压力：

$$F_{压} = F_N = mg + m\frac{v^2}{r}$$

小结（竖直方向圆周运动的受力特点） ——计划用时 2min

教师活动

B老师：至此，同学们可以整理出竖直方向圆周运动的受力分析规律了。

学生活动

学生在教师的引导下，整理汽车过拱形桥与凹形桥（即竖直方向的圆周运动）的受力特点。

过拱形桥最高点：$G-F_N=m\dfrac{v^2}{r}$

过凹形桥最低点：$F_N-G=m\dfrac{v^2}{r}$

过平直路面：$F_N=G$

新知教学（航天器的失重问题） ——计划用时 3min

教师活动

B 老师：地球是圆的，可以看作一个巨大的拱形桥。请同学们运用所学内容思考：地球表面的汽车速度大到一定程度时，地面对车的支持力会不会是 0？这时驾驶员与座椅之间的压力是多少？

B 老师提问：宇航员完全失重，是不是就不受重力作用了？

学生活动

学生在 A 老师的指导下，讨论得出：汽车速度逐渐增大时，地面对汽车的支持力逐渐减小。当速度达到一定值（$v=\sqrt{gr}$）时，汽车受到的支持力为 0。换句话说，汽车此时飞起来了，成为一颗人造地球卫星，而汽车驾驶员就成为在宇宙中漂浮的宇航员，此时人和车都处于失重状态，而且是"完全失重"状态。

学生在 A 老师的组织下讨论发言：虽然宇航员完全失重，但其仍然受到地球对他的吸引力（重力），只不过这个重力是用来提供宇航员绕着地球飞行所需要的向心力罢了。

设计意图

将地球表面汽车在竖直平面的圆周运动延伸到航空航天领域，扩展学生的视野。

新知教学（珠海长隆鹦鹉过山车） ——计划用时 3min

教师活动

B 老师：汽车的速度足够快，就会变成环绕地球运动的人造卫星，只要不减速就不会掉下来。那么，是不是任何物体只要速度够快，即使受到重力作用，也不会掉下来？

A 老师：确实如此，例如杂技水流星、过山车（播放相关视频）。请同学们思考并分析，在珠海长隆乘坐鹦鹉过山车时，为什么不用担心掉离座位？

珠海长隆鹦鹉过山车是亚洲第一个飞行过山车，其轨道全球最长，达 1 278 米，其中一段从接近 20 层楼的高度俯冲而下，进入 360 度翻转的疯狂状态，给游客近 3 分钟惊心动魄的体验。

学 生 活 动

学生观看视频并讨论，派代表上台体验过山车模型的实验操作，并交流讨论的结果。

学生体验

让学生根据前面所学的物理规律分析：如果过山车的轨道半径为 r，重力加速度为 g，计算游客到达最高点时速度至少为多少才不会发生脱离轨道掉下来的危险。

设 计 意 图

体验式学习，加深学生对物理现象和规律的理解，使其学会运用理论解释生活中的问题。

总结提升 ——计划用时 2min

教 师 活 动

B 老师通过板书回顾本课内容，A 老师作最后的总结发言：

物理知识就在我们的生活中，只要我们留心观察，就能感受到物理知识的奇妙和劳动人民的智慧！让我们放慢脚步，多去观察、思考、感悟身边奇妙的物理世界吧！

学 生 活 动

学生回顾所学内容，梳理知识点，憧憬未来的职业方向。

设计意图

回顾与展望。

学案设计

物理职场故事课——路桥工程师的故事

（1）介绍广珠城轨，并请学生思考：从路桥工程师的角度看，为了保证列车行驶安全、平稳、舒适，设计转弯时需要注意哪些事项？

（2）介绍港珠澳大桥，并请学生思考：如果此处大桥的半径为 r，穿梭巴士的质量为 M，速度为 v，重力加速度为 g，请计算穿梭巴士对大桥的压力。

（3）请学生大胆设想：地球可以看作一个巨大的拱形桥，桥面的半径就是地球的半径。当车速达到一定程度时，地面对车的支持力会不会变成 0？这时驾驶员与座椅之间的压力是多少？

（4）介绍珠海长隆鹦鹉过山车，并请学生思考：如果过山车的轨道半径为 r，重力加速度为 g，请计算游客到达最高点时速度至少为多少才不会发生危险。

（5）总结提升，回顾展望。

板书规划

物理职场故事课——路桥工程师的故事

一、列车的轨道：外高内低

$$mg\tan\theta = m\frac{v^2_{设计}}{r}$$

$$\Rightarrow v_{设计} = \sqrt{rg\tan\theta}$$

二、拱形桥

$$G - F_N = m\frac{v^2}{r}$$

$$\Rightarrow F_N = G - m\frac{v^2}{r}$$

$$\Rightarrow v = \sqrt{gr}，完全失重$$

三、凹形桥

$$F_N - G = m\frac{v^2}{R}$$

$$\Rightarrow F_N = G + m\frac{v^2}{R}$$

速度越大，对桥的压力越大，超重压力比重力大，属超重现象

触觉延伸

一、心路历程

在珠海市教育研究院物理教研员卞红老师的指导下，我们开始研究如何开展高中物理

职业生涯规划课。最终，我们结合了珠海市教育研究院同课同构的新思潮，由两个或两个以上教师合作上好一节课。希望本课能让每一位学生都获益，从不同的角度、运用各种思路投入课堂，并对自己将来的职业选择有所思考。

通过调查，我们发现与物理较密切相关的行业有：教育、物理科研、航天与天文、医疗、能源物理、地球物理和气象等，这些都要求具备物理观念、科学思维、科学探究精神、钻研精神等方面的物理科学素养。

然而，我们传统的物理教学侧重对理论知识的考核，较少涉及与职业的关联。因此，我们在教材中挖掘与生活联系比较密切的章节来开展同课同构教学。在选择教学内容的过程中，我们遇到了一个困难——课堂上不仅要教授理论知识，还要让学生将理论知识与现代生活建立实用性和职业性的联系。有没有什么办法能让学生更高效地联系课本上的理论知识与生活中的实际应用呢？如果能够到生活生产现场开展实地教学，学生就能获得直接经验，这样效果会更好。但条件不允许，我们便尝试通过角色扮演来替代。为此，我们安排两名教师上同一节课，一位充当物理教师（B 老师），另一位扮演路桥工程师（A 老师），从路桥工程师的角度带领学生运用物理知识解决工程设计问题。我们挑选了教材中与生活联系紧密的一节——"生活中的圆周运动"——进行尝试。

在同课同构备课的过程中，如何分工合作也是主要问题。为避免混乱，首先，我们一起商量课堂的整体框架，确定教学用具、学案教案、课件等等。其次，两名教师根据自己擅长的方面作准备。比如 A 老师布局整节课，主动构建课程框架以及编写学案教案，B 老师擅长利用生活中常见的物品制作教学用具，负责准备铁路弯道、拱形桥、凹形桥以及过山车模型等教具。B 老师充当物理教师，主要带领学生从生活中发现需要解决的物理问题；A 老师充当路桥工程师，主要任务是带领学生运用物理规律进行工程设计，让学生从问题中走出来。分工应细致到每个环节，两名教师要说的话都要事先想好写出来，形成类似剧本之类的文本，此外还要考虑到学生可能提出的问题。

经过一系列的准备和在不同班级的实践，我们终于在计划的教研时间里上了一节满意的公开课。课堂上，教师与学生的互动按计划进行，学生积极参与课堂体验活动，操作教学实验仪器进行问题探究，课堂气氛活跃。

二、分析总结

（1）教学目标的达成情况。

学生上完这节课，能定性分析列车弯道外高内低的原因，了解弯道的设计速度；通过体验式教学活动，感受生活中的拱形桥、凹形桥和过山车等圆周运动，并能定量分析汽车过拱形桥和凹形桥的压力问题；了解航天器在太空中的失重现象；理解工程师运用物理原理解决技术问题的艰辛，这教育学生在以后的学习中要勇于战胜困难，勇攀科技高峰。

（2）教学方法及手段的有效性。

本节课使用讲授法、实验法、演示法等多种教学方法，学生能更好地理解知识点，把握重难点。

（3）教学重点及难点的突破。

本节课的重点是分析火车外轨道与内轨道高低不同的原因，难点是定量分析汽车过拱形桥和凹形桥的向心力问题。为了突破重难点，我们制作了铁路轨道模型，并通过体验活动，让学生亲身感受生活中的圆周运动，尝试作受力分析，分析向心力的来源、过山车以及航天器超重、失重的本质。

（4）教学实验设计的有效性分析。

本节课所列举的圆周运动，涉及珠海学生身边真实可见的例子——港珠澳大桥以及珠海长隆鹦鹉过山车，比较简单且操作性强。学生亲自操作教具，获得直接经验，不仅增强了体验感，激发了学习兴趣，还能留下深刻印象。

（5）课堂交流的设计及效果分析。

两名物理教师在课堂上分工合作明确，课堂连接自然，把本节课涉及的知识点结合生活实际，利于学生接受。学生积极性高，课堂气氛活跃。但学生在公式推导方面不够顺畅，需要加强训练。

教学评价

一、教师评价

本节课将物理与生活、科学知识与未来生涯拓展有机结合，让学生从生活中的真实事例入手，思考圆周运动的相关知识；通过自制教具，让学生亲自体验汽车过拱形桥时对桥梁的作用力。整节课生动有趣、高效紧凑，学生参与度高；教师授课内容丰富，教育技术先进，能达到良好的教学效果。

二、学生评价

在这节课上，我们现场操作老师们准备的实验教具，感觉新奇而有趣，既学习了圆周运动的物理知识，也亲身感受到路桥工程师的伟大。这节课开拓了我们的眼界，令我们印象深刻，我们对未来的职业生涯规划也有了初步的认知和理解。

参考文献

［1］黄恕伯，彭前程.普通高中教科书物理（必修）：第一册［M］.北京：人民教育出版社，2019.

［2］朱桦.多元智能与生涯教育［M］.北京：中国纺织出版社有限公司，2021.

［3］廖满媛，王胜媛，孙兆华.成为更好的自己：生涯规划实践体验手册［M］.北京：清华大学出版社，2020.

［4］罗伯特·里尔登，等.职业生涯发展与规划［M］.4版.侯志瑾，等译.北京：中国人民大学出版社，2016.

［5］梁涛.基于多元智能理论视野的职业规划教育研究［J］.吉林省教育学院学报（中旬），2013，29（15）：130-132.

蓝图职业生涯体验馆

解瑞兴　赵冬梅　罗靖婷　吕林　管凌燕

教师风采

解瑞兴　珠海市梅华中学副校长，初中物理高级教师，曾获"区先进教师""区先进教育工作者""区优秀共产党员""西藏林芝广东实验学校特聘专家""初中物理中心组成员""广东省家庭教育讲师团成员"等荣誉称号。所任教班级七年"一分两率"全年级第一，九名学生物理中考取得满分；辅导学生获教博会国家级一等奖三个。录像课《温度计》获教育部重点课题组评比一等奖，《噪音的危害和控制》获评 2017 年部级优课。共执教省市区校级公开课五十余节，开展区级以上讲座三十九场。

赵冬梅　珠海市梅华中学英语教师，毕业于华南师范大学，研究生学历，中学一级教师。

罗靖婷　中学英语教师，多次荣获"优秀班主任""先进教师""新教师指导教师"等称号。

吕林　珠海市梅华中学音乐教师，曾多次参与省市级立项课题研究，所执教的课堂教学课例曾在"广东省一师一优课"获奖，珠海市香洲区共青团先进个人，多次荣获珠海市、香洲区优秀指导教师奖及校级优秀教师等称号。

管凌燕　珠海市梅华中学历史教师，毕业于淮北师范大学，研究生学历，中学一级教师。

教学蓝图

本节课由高中毕业生报考大学专业的困惑引发思考，设计规划初中生蓝图职业生涯体验馆。首先，从心理学角度引导学生认知自我能力，找到适合自己个性化发展的专业。其次，学生通过"职业体验"实践，了解从事各类职业需具备哪些基本素养，并参加"创业体验"，分析职业管理者需要具备什么样的素养。最后，学生参加模拟招聘会并听取人力资源管理（HR）专家对学生个性化的评价，形成积极的自我认知和职业认知，树立职业生涯规划意识，初步确定自己的发展目标。

课程概况

授课课题

蓝图职业生涯体验馆。

同构教师

馆长：解瑞兴。

心理咨询师：赵冬梅。

生涯规划师：罗靖婷。

职业体验策划师：吕林。

班主任：管凌燕。

授课时间

2019 年 4 月 12 日，2 课时。

授课地点

珠海市梅华中学，风华楼 5 楼多功能厅及风雨长廊。

教学目标

（1）通过"我的'兴趣岛'"（见附录 3）和青少年生涯发展量表（见附录 2），引导学生进行自我探索，帮助学生建立自我同一感。

（2）在"职业体验"和"创业体验"中形成积极的自我认知和职业认知，将自我认知与职业认知结合，挖掘自身潜力，认清自己的价值追求，并树立职业生涯规划意识。

（3）通过"模拟招聘会"活动帮助学生找到自身学习成长的内驱力，增强行为的目标性与驱动性，树立适合自身的生涯目标，进行正确的生涯规划，并在日后的学习与求职中为自己的目标持续努力。

学情分析

初中阶段是人生转变和发展的一个重要时期，它不仅是中学生文化科学素养提升的黄金期，也是人生观、价值观、世界观形成的关键时期。身处青春期的中学生强烈地关注个性成长，自我意识逐渐增强，抽象思维能力得到极大的发展，自我认识和评价能力逐渐生成。同时，思维的独立性和批判性显著发展，初中生开始具备独立的思维能力，会尝试分析解决问题，对一些事物形成自己独特的看法，并对各种职业的社会价值和意义有了进一步的认识。但这一时期初中生的身心发展处于非平衡状态，容易产生各种心理发展上的矛盾并陷入现实中的困境，这导致其对一些事物难以形成客观、全面的认识，也难以用辩证和发展的眼光分析事物。

本节课面向八年级学生，是将生涯规划教育、劳动教育、职业体验教育融为一体的综合实践活动，以培养学生的职业认知和社会责任感为着眼点，组织学生走进各行各业参加实践活动，引导学生通过职业体验发现自己的专长；在认识世界的基础上，激发职业兴趣，磨炼意志品质，启蒙职业理想，培养团队合作精神，感悟社会责任与公平，形成正确的劳动观念；充分发挥劳动树德、增智、强体、育美的综合育人功能，帮助学生理解学习的意义，激发学生主动发展的意识，引导学生树立正确的世界观、人生观和价值观。

八年级学生自我意识增强，这一阶段的主要任务是克服自我同一性危机，学生需要确认自己是一个怎样的人，包括学业和职业方面的特质。在日常教学过程中可发现，部分学生情绪消极，对未来感到迷茫，没有方向，学习缺乏主动性，尤其因为新冠肺炎疫情，他们对未来的生涯没有明确的规划，且缺乏正确合理的价值观的引导。在指导学生进行生涯规划时，开展以正确合理的价值观引领的生涯教育就显得尤为重要，有助于丰富他们对职业的认知，树立适合自己的人生目标，拥有更明确的人生方向和更积极的心态。价值观是不断修正和调整的过程，前期的不断探索及所储备的资源都将会为其未来的人生规划和身心的健康发展打下扎实的基础。

教学资源

多媒体、多种颜色卡纸、黑色白板笔、招聘岗位展板、调查问卷等。

课前准备

（1）提前对班级学生开展问卷调查（见附录1）。

（2）发动家长资源，聘请多名优秀家长代表，商讨确定招聘岗位数量和面试官。

（3）岗位设定：医生（4名）、办公室文员（4名）、教师（4名）、工程师（4名）、律师（4名）、记者（4名）、金牌销售（4名），共28个岗位。录取比例约为3/5，有一定的淘汰数量，注意安抚被淘汰学生的情绪。

（4）提前准备卡纸和白板笔，方便学生讨论记录和制作简历。

教学过程

导入新课

教师活动

从视频《林晔的职业迷茫》引入，并邀请大横琴集团经理现场分享自己职业之路的遗憾。并提出问题：

（1）你是否思考过自己将来想从事的职业？

（2）你的兴趣和能力是否适合你想从事的职业？

（3）你是否规划过自己未来的职业之路？

学 生 活 动

视频和现场分享引入，通过提问，让学生相互交流和分享，启发学生对自己职业之路的思考。

设 计 意 图

以视频和现场分享开始课堂，一方面增强学生的学习兴趣，另一方面方便设置疑问，激发学生的思考。

认识自我

教 师 活 动

心理咨询师赵冬梅通过"我的'兴趣岛'"和青少年生涯发展量表，让学生了解自己的性格特征及适合自己的职业选择。

学 生 活 动

学生参与活动进行自我认知，小组讨论并展示分享。

小组讨论

设 计 意 图

让学生对自我有初步的认识，建立自我同一感，并给予学生职业大方向的指引，促其思考。

职业体验

教 师 活 动

职业体验策划师吕林通过舞台剧表演来展示未来职业和未来生活场景，并分享学生打工视频。

舞台剧

学生活动

（1）学生对各类职业有初步的认识和了解。

（2）讨论，聆听，并初步思考自己适合什么职业。

学生讨论

设计意图

（1）用视频、图片展示各类职业，给学生视觉上的形象认识。

（2）使学生对各类职业有初步的认识。

职业生涯规划

教师活动

生涯规划师罗靖婷通过简单的模型，让学生挖掘潜在影响因素，明确未来职场需要具备的能力和素养。

罗靖婷老师讲解

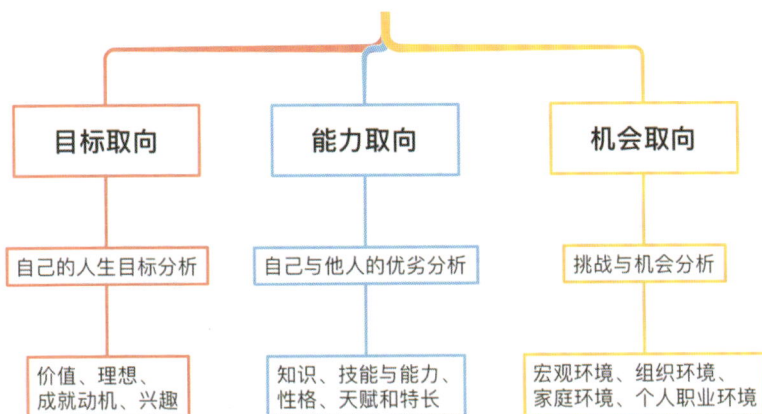

目标取向	能力取向	机会取向
自己的人生目标分析	自己与他人的优劣分析	挑战与机会分析
价值、理想、成就动机、兴趣	知识、技能与能力、性格、天赋和特长	宏观环境、组织环境、家庭环境、个人职业环境

生涯路线的确定

馆长解瑞兴分享创业需要考虑的因素：①时间成本；②深入调研；③风险管控，并组建创业小组团队分析和献策。

学生活动

学生根据教师的指引，思考自己如何创业，如何解决创业中遇到的问题，创业小组团队讨论分析并合作。

创业小组团队

设计意图

培养学生正确的工作态度和价值观，增强学生解决生涯问题以及做出决定的能力。

创业体验

教师活动

馆长解瑞兴开展创业体验活动：以小组为单位，分别开一家蛋糕店、熟食店、书店、粤菜馆、超市、文具店。交流讨论后选出小组代表分享创业规划和流程、可能面临的困难及解决途径。

创业体验活动

学生活动

小组以合伙人的身份交流，共同规划创业流程，讨论可能面临的困难和解决途径。

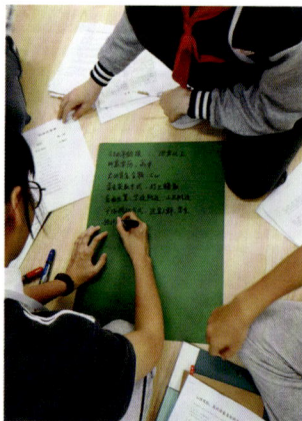

创业规划

设计意图

令每位学生的潜能得到最大限度的发挥，找到适合自己特点的发展路径。

模拟招聘

教师活动

（1）设置模拟招聘区域。

（2）设置招聘成功区和待成功区，便于学生在招聘过后进行讨论、反思和总结。

面试　　　　　　　　　录取　　　　　　　　　淘汰

（3）当场公布招聘结果，宣布有 36 名学生进入招聘成功区，17 名学生进入待成功区。

学生活动

（1）学生带上自己的简历和能力打分卡，准备好自我介绍，参加模拟招聘。

自我介绍

（2）观察他人面试过程，学习经验。

（3）招聘结束，分别进入招聘成功区和待成功区。

招聘成功区和待成功区

（4）讨论，总结经验。

设计意图

让学生在"成功"和"失败"的过程中，体验职场生活的残酷，也进一步让学生意识到职业生涯规划的重要性。

升华小结

教师活动

（1）学生发表感想，总结招聘过程中的所思所得。

（2）各领域专家分享和点评。

学生发表感想

专家分享和点评

学生活动

（1）讨论，思考。
（2）分享经验。
（3）聆听，总结。

学生讨论

设计意图

职业生涯规划帮助学生将学校与未来、职业与生活联系起来，把社会价值和个人价值融为一体，在追求个人价值的过程中，为社会的繁荣和发展做出贡献。

学案设计

蓝图职业生涯体验馆

第一幕：教室

班主任管凌燕：同学们，前不久，老师曾经的学生回来看我，他说最近有点儿烦，即将面临高考报考，可是他对选择哪所大学、选择哪些专业很茫然，因为这些选择会直接影响他将来从事的职业。我们一起来听听你们的这位师兄是怎么说的。

（1）播放视频《林晔的职业迷茫》。

林晔还有选择的机会，有一位过来人则对自己的经历有诸多遗憾，让我们感受一下。

（2）聆听大横琴集团经理讲述他的遗憾。

现在，我联系到了本市蓝图职业生涯体验馆的解馆长，让他带领我们一起去体验如何进行职业生涯规划。我们走吧！

第二幕：职场体验

馆长解瑞兴：欢迎梅华中学的师生来到蓝图职业生涯体验馆，我是解馆长。今天的第一个项目主要是让同学们"认识自我"，从心理学的角度了解自己的性格特征、兴趣爱好，从而找到适合自己个性发展的专业或职业。第二个项目是"职业体验"，一些和你们年龄相仿的学生有到实体店打工的体验，通过讲解、分析他们的经历，同学们会体验到打工的技术要领及需具备的基本职业素养。第三个项目是"创业体验"，实操性创业设计能让你们找到"做老板"的感觉，我想你们一定会很兴奋。最后一个项目才是最紧张刺激的，那就是"模拟招聘"，我们邀请了各行各业的精英来担任面试官，同学们现场体验面试环节，听听我们的专家会对你们的表现做出怎样的评价。现在就让我们进入体验馆！

一、认识自我厅

心理咨询师赵冬梅：同学们，在规划职业生涯之前，我们得先对自己有个清醒的认知，而认知获取的渠道主要是经验，经验决定我们的认知和思维，认知和思维的差距会决定我们行动的方向。想要自我提升，就需要突破我们狭隘的经验限制和认知局限。经验主要分为直接经验和间接经验。

我们现阶段主要通过间接经验获得对未来世界的感知，即通过第三方去间接获取和吸收知识、见解和经验。这个第三方可以是书，也可以是人。现在我们就从心理学的角度了解自己的性格特征及适合的职业。

（1）介绍心理学性格特征的类型及适合的职业。

（2）学生先进行自我认知，再小组讨论，选出一两名学生分享。

大家对自己的心理类型及大致的发展方向已经有了初步的认知，下面就由班主任管老师带领大家到下个场馆体验，期待你们有更清晰的职业生涯规划。

二、职场体验厅

职业体验策划师吕林：大家好，欢迎来到职场体验厅。我们的展厅主要通过舞台剧表演来展示未来的职场及生活场景，大家可以预见若干年后的你将面临的职场境遇。即便是很简单的工作，也有很多学问和讲究，每个人的一举一动都会显示出他的职业素养。相信大家观看完其他学生的打工实录后，会有更深刻的体会。

（1）舞台剧表演。

（2）分享学生餐厅打工视频。

三、职业生涯规划馆

生涯规划师罗靖婷：大家好，欢迎来到职业生涯规划馆。说到职业生涯规划，很多人可能会觉得这是个伪命题，因为我们都不知道明天会发生什么，又怎么可能预判五年、十年甚至更长时间之后发生的事情呢？其实天下难事必作于易，天下大事必作于细。只要采用科学的方法去思考和规划，我们就可以运筹帷幄、预知未来，大家有信心跟我一起去创造奇迹吗？（学生齐答"有"）

职业规划，本质上是对职业生涯路线的规划与确定，这个过程中涉及的要素无非是职业及我们自身。对于职业的抉择，主要考虑的是外部的市场与机会、自身的兴趣和能力。我们先通过一个简单的模型，结合自身现有情况，挖掘潜在影响因素，明确未来职场需要具备的能力和素养。

四、创业体验厅

馆长解瑞兴：同学们，这个展厅可是我的主场，也是我心系教育的情结所在。其实我建这个场馆、设计这些体验项目就是为了弥补我的遗憾。假如在我的成长阶段，有一个前辈能告诉我，我适合做什么，怎样才能实现目标，相信我会取得更大的成功。这就是我创立这个场馆的初衷。

创业，相对于"给别人打工"有着更大的挑战和机遇。我为什么把挑战放在前面呢？是因为在创业的浪潮中，失败者居多，而这种失败可能会毁掉一个人甚至一个家庭，让创业者及家人承受莫大的痛苦。

那么，在决定创业之后，你需要进行哪些方面的储备，才能降低失败的概率，赢得成功呢？

首先，要做好时间成本预算。一般大学毕业生要在三年内打基础、定方向，这三年一荒废，后面会变得相对被动。前三年打好基础、定好方向，后面就相对容易，越走越顺畅。绝大多数人的职业发展黄金期是35～45岁，因为过了这个年龄段，精力、体力都会下降，家庭负担也相对较重，人们也很难甘冒风险，放弃一切重新进行职业洗牌。

其次，要深入调研。要明确宏观环境、市场需求、发展水平。肯德基和麦当劳通常选择相近的位置开店，就是因为这两家世界知名的餐饮巨头在开设门店选址的阶段，会对客流量、消费群体及消费能力做长达数月的调研，确保店面运行的质量。

最后，要进行风险管控。如果创业失败，应调整心态，正视生存和创业的竞争性和残酷性，摔倒了就站起来，要有承受挫折的勇气和能力。我们先以一家蛋糕店开店的情况为例，了解开一家店的过程。然后，结合对珠海市场环境的了解，以小组为单位，分别开一家蛋糕店、熟食店、书店、粤菜馆、超市、文具店。之后我们选出小组代表，分享创业规划和流程、可能面临的困难及解决的途径。小组成员现在的身份是彼此的合作伙伴，群策群力才能最大限度地避免失败、赢得成功。创业体验结束后，请全体同学跟随班主任管老师一起参加"模拟招聘会"。

第三幕：大湾区春季招聘会（珠海场）

经过短短两个小时的职业生涯体验，我相信每位同学都深有体会，对自己的人生规划有了更清晰的认识。其实职业生涯规划的历程本来就不可能一蹴而就，是非线性的、动态调整的，毕竟外部环境和自身情况都在不断变化。但未来职业所需要的能力和素养需要我们通过学习和有意识的训练获取，所以，我们在学好文化科目的同时，要有更广阔的视野、纵深的思域、足够的信心和能量，向职业生涯的制高点进发。

板书规划

蓝图职业生涯体验馆

- 认识自我厅
- 职场体验厅
- 职业生涯规划馆
- 创业体验厅
- 大湾区春季招聘会

触觉延伸

（1）在模拟招聘过程中，学生感受到职场竞争的残酷和激烈，这可以培养学生早期的生涯规划意识和能力，更重要的是让现阶段的学生知道为什么而学，让学习变得更有动力。

（2）邀请家长共同参与模拟招聘，让整个过程更加真实和生动，触发家长合理引导孩子规划未来发展。

（3）设计的职业种类多多益善，且应注意引导学生将兴趣、能力、工作报酬、价值观和时间观念等因素与职业选择相结合。

（4）教育的目的在于所得及所行，引导学生将职业体验与人生规划相结合，让学生在体验中锻炼，在锻炼中提高，切实增强学生的组织能力、社会活动能力、独立思考能力和团队合作能力。

（5）对比四月学生课前调查问卷（见附录1）和九月学生回访调查问卷（见附录4），

发现：没思考过未来职业的百分比由 37.5% 降至 12.5%，有过职业体验的百分比由 41% 上升至 75%。职业体验后的感受集中体现为：①工作比学习辛苦，但工作很有成就感；②看似轻松的职业，全身心投入就会很累；③每一分钱都来之不易，更能理解父母的用心；④学习是终身的，但选对方向很重要；⑤每个行业都有不同的辛苦之处，需要对他人有多一些理解和包容，作为学生则应该好好学习；⑥职业规划思路更清晰，开始借助网络和家人的力量思考发展方向。

教学评价

一、学生评价

陈同学：在参加这次职业生涯体验活动之前，我一直认为工作对于我来说是很遥远的事情，对自己的定位一直都是初中生，好好学习就是我的全部。蓝图职业生涯体验馆让我更加了解自己，我是一个什么样的人，我真正喜欢什么职业，这些问题我以前从来没有意识到，接下来我应该认真思考未来职业的规划。

巫同学：我以前觉得心中理想的职业看起来好轻松，光鲜靓丽，轻轻松松就能拿高薪水，但是参加实践后，我得知背后的辛苦只有体验了才能明白。

涂同学：这次职业生涯体验活动给我最大的感受就是学习不能像以前那样没有规划和目的。就像选择未来职业一样，中考需要制定阶段目标，只有阶段目标逐步完成，才可能实现自己的中考目标。

二、家长评价

谢同学的妈妈：孩子回家后兴高采烈地讲述了蓝图职业生涯体验馆的活动，并分享了自己制作的求职简历，看到孩子认真努力的成果，我们特别高兴。孩子分享了求职过程中的感受，并表示接下来会通过网络重新认识向往的职业。同时，我们和孩子一起制订了中考规划，在学好文化知识的基础上，规划未来目标。感谢学校和老师提供的这次特殊的体验，希望今后还有机会参加这类活动。

参考文献

眭定忠.职业体验：新时代劳动教育的有效路径——以"初中生生涯规划职业体验"课程建设为例 [J].现代教学，2022（15）：75-78.

附录 1：四月学生课前调查问卷

一、作答说明

（1）本调查问卷共有 6 题，请根据对题目的第一反应作答。

（2）作答时，请在对应的序号上打"√"。

（3）每题只能选择一个选项。

（4）请不要遗漏任何一道题目。

二、题目

（1）你未来想从事什么行业的工作？

①没思考过　②没考虑清楚　③医务工作者　④教育工作者　⑤警察　⑥工程师
⑦律师　⑧个体商人　⑨金牌销售　⑩其他

（2）你对未来职业有规划吗？

①没有　②偶尔思考过，但没有规划　③不知如何规划　④好好读书就行　⑤有规
划，且每个阶段目标清晰

（3）你是否有过职业体验？

①有　②没有

（4）你了解过知名人士是如何从初中开始规划自己的未来职业的吗？

①没有　②有，但忘记是谁　③有，且能记住他（她）的故事

（5）对于未来工作的选择，你最看重什么？

①兴趣　②薪水　③挑战　④稳定　⑤其他

（6）你是否有兴趣了解职业规划？

①有　②没有　③无所谓

附录 2：青少年生涯发展量表

一、作答说明

（1）本量表共有 16 题，请根据对题目的第一反应作答。

（2）评估符合程度有以下四种等级：

完全不符合（0%）：表示它与您的符合程度接近 0%。

小部分符合（33%）：表示它与您的符合程度接近 33%。

大部分符合（67%）：表示它与您的符合程度接近 67%。

完全符合（100%）：表示它与您的符合程度接近 100%。

二、注意事项

（1）作答时，请按照同意的程度在方框里打"√"。

（2）请不要遗漏任何一道题目。

题号	题目	完全不符合	小部分符合	大部分符合	完全符合
1	我现在的成绩，让我不敢想象自己以后能找到什么好工作				
2	决定自己的未来，是件很辛苦麻烦的事情				
3	我对未来的工作充满信心				
4	每个人的建议都不一样，让我不知道该选哪一种工作或者选哪一所学校				
5	我觉得选择工作时，薪水重于兴趣				
6	只想努力念书，念好高中，念好大学，未来的工作目标到时候再说				
7	念书都没时间，根本没空去了解不同的工作或学校的情况				
8	我会和老师、家长、同学、朋友讨论未来职业的问题				
9	我会透过自我检讨来了解自己的专长和缺点				
10	我常关注报纸杂志的相关职业报道				
11	对于未来就业，我有明确的计划				
12	我曾经将以后可能从事的工作一一列出，比较它们的优缺点				
13	如果将来不能从事最想做的工作，我还有第二种打算				
14	先好好念书升学，到时候选择热门专业就对了				
15	我对未来感到困惑彷徨				
16	与其相信命运，不如制订实际而明确的人生规划				

附录3：我的"兴趣岛"

设想你正驾驶着一架小型飞机横跨太平洋，忽然飞机引擎冒烟，很快就要坠毁，你只能跳伞。你看了看地图，下面有6个岛屿。此时，给你15秒的时间回答2个问题：

（1）哪个岛是你最想降落的？

（2）哪个岛是你最不想去的？

以下是对6个岛屿的描述：

R岛：自然原始的岛屿。岛上有热带的原始植物，自然生态保持得很好，也有相当规模的动物园、植物园、水族馆。岛上居民以手工见长，自己种植瓜果蔬菜、修缮房屋、打造器物、制作工具。

I岛：深思冥想的岛屿。岛上人迹较少，建筑物多僻处一隅，平畴绿野，适合夜观星象。岛上有多处天文馆、博物馆以及科学图书馆等。岛上居民喜好沉思、追求真知，热衷于和来自各地的哲学家、科学家、心理学家交流心得。

A岛：美丽浪漫的岛屿。岛上建造了许多美术馆、音乐厅，弥漫着浓厚的艺术文化气息。当地居民还保留了传统的舞蹈、音乐与绘画艺术，许多文艺界的朋友都喜欢来这里找寻灵感。

S岛：温暖友善的岛屿。岛上居民个性温和、乐于助人，社区均自成一个密切互动的服务网络，人们互助合作，且重视教育，充满人文气息。

E岛：显赫富庶的岛屿。岛上的居民热情豪爽，善于经营企业、开展贸易。岛上的经济高度发展，处处是高级饭店、俱乐部、高尔夫球场，来往者多是企业家、经理人、政治家、律师等。

C岛：现代井然的岛屿。岛上建筑十分现代化，呈现都市形态，以完善的户政管理、地政管理、金融管理见长。居民个性冷静保守，处事有条不紊，善于组织规划。

对照每个岛屿代表的职业兴趣，你可以观察自己喜欢和不喜欢的职业内容，明确自己的职业定位。

（1）选择R岛的人：实用型。

偏好：愿意从事事务性的工作，喜欢户外活动或操作机器，不喜欢在办公室工作。

适合的职业：制造业、渔业、野外生活管理业、技术贸易业、机械业、农业、技术行业、林业、特种工程和军事工作的从业人员。

（2）选择I岛的人：研究型。

偏好：乐于处理信息（观点、理论），喜欢探索、研究那些需要分析、思考的抽象问题，喜欢独立工作。

适合的职业：实验室工作人员、生物学家、化学家、社会学家、工程师、物理学家和程序设计员。

（3）选择A岛的人：艺术型。

偏好：创造、自我表达、写作、音乐、艺术和戏剧。

适合的职业：作家、艺术家、音乐家、诗人、漫画家、演员、戏剧表演艺术家、作曲家、乐队指挥和室内装潢人员。

（4）选择S岛的人：社会型。

偏好：帮助别人，与人合作。

适合的职业：教师、社会工作者、心理咨询员、服务业人员。

（5）选择E岛的人：企业型。

偏好：领导和影响别人，为了达到个人或组织的目的说服别人，希望成就一番事业。

适合的职业：商业管理人员、律师、政治运动领袖、营销人员、市场或销售经理、公关人员、采购员、投资商、电视制片人和保险代理。

（6）选择 C 岛的人：常规型。

偏好：乐于组织和处理数据，喜欢固定的、有秩序的工作或活动，希望确切地知道工作的要求和标准；愿意在一个大的机构中处于从属地位。

适合的职业：会计、银行出纳、行政助理、秘书、档案管理员、税务专家和计算机操作员。

（测试结果仅供参考）

附录4：九月学生回访调查问卷

一、作答说明
（1）本调查问卷共有6题，请根据对题目的第一反应作答。
（2）作答时，请在对应的序号上打"√"。
（3）每题只能选择一个选项。
（4）请不要遗漏任何一道题目。

二、题目
（1）你未来想从事什么行业的工作？
①没思考过 ②还没考虑清楚 ③医务工作者 ④教育工作者 ⑤警察 ⑥工程师
⑦律师 ⑧个体商人 ⑨金牌销售 ⑩其他

（2）你对未来职业有规划吗？
①没有 ②偶尔思考过，但没有规划 ③不知如何规划 ④好好读书就行 ⑤有规划，且每个阶段目标清晰

（3）暑假后你是否有过职业体验？
①有 ②没有

（4）职业体验过程中你最深的感受是什么？

_____

（5）对于未来工作的选择，你最看重什么？
①兴趣 ②薪水 ③挑战 ④稳定 ⑤其他

（6）你目前主要通过什么途径了解你喜欢的行业？
①互联网 ②报纸 ③电视 ④教师 ⑤父母亲戚 ⑥行业精英 ⑦其他

红树林——我的梦

李昕　黄心怡　王薪　许慧华

教师风采

李昕　珠海市金鼎中学心理教师，参与多项省市级课题，曾获市优秀教师称号，广东省中小学心理教师技能大赛初中组二等奖、北师大基础教育合作办学平台青年教师课堂大赛一等奖等奖项。

黄心怡　珠海市金鼎中学生物教师，曾获校级优秀教师称号。2020年以来兼任学校的生涯规划课程，帮助学生认识自己、发展兴趣、明确目标。作为一名初中生物教师，也希望能够结合初中生物学科特点，将职业信息、职业素质等有计划、分步骤地渗透到教学中。

王薪　珠海市金鼎中学音乐教师，大队辅导员。在教育教学中积极引导学生，形成了"知情互动，寓教于乐"的教学风格。依托共鸣的师生情感，利用音乐艺术的独特魅力吸引、感染学生，使其自觉自愿、主动积极并富有创造性地在轻松自在的课堂中参与教学活动。

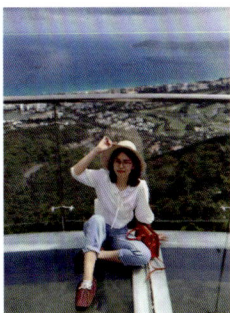

许慧华 珠海市金鼎中学信息科技教师，信息科技科组组长，曾获高新区创客优秀辅导教师称号，第六届全国无人机珠海海选赛优秀辅导员称号，多次带领学生参加珠海市机器人比赛获奖。

教学蓝图

本案例中的生涯教育课是以珠海淇澳红树林自然保护区的真实问题为背景设计的，提出"红树林——我的梦"这一主题，通过创设公司的形式，组织学生参加模拟招聘会，体验职场面试，引导学生初步形成生涯规划意识。在这个基础上，授课教师利用课外时间带领学生进行实地调研考察，组织学生分析交流调查结果，探索更多保护红树林的思路与方法。

学生在实践活动中深入认知自然与人类的关系，在体验职场的过程中承担岗位职责，在团队合作中认识自身优势与潜能，在完成项目后收获成就感。这些都有利于学生形成对生态环境的多元价值观和可持续发展观，对自身的兴趣和能力有更深入的认识，对未来发展有更具体的期待，帮助学生启蒙生涯规划意识。

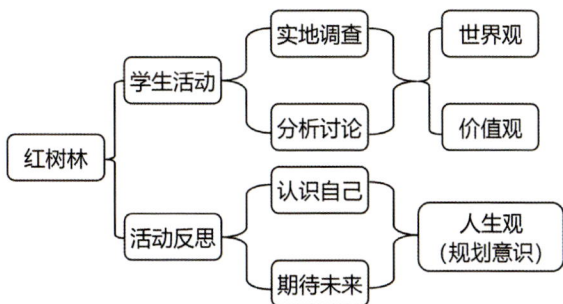

教学蓝图

课程概况

授课课题

红树林——我的梦。

同构教师

授课教师：王薪（主持人 A）、黄心怡（主持人 B）、李昕（主持人 C）、许慧华（主持人 D）。

面试官：分 4 组，每组 3 名，由受邀教师担任。

授课时间

2020 年 9 月 24 日，2 课时。

授课地点

珠海市金鼎中学，云教室。

教学目标

（1）通过创设公司的形式，使学生了解红树林项目的背景和目的。

（2）通过无领导小组讨论形式的面试，引导学生对红树林项目进行思考和讨论，获得职场应聘的体验。

（3）学生借助面试官的评价和教师对面试环节的引导反思，认识自身的优势和未来需要补全的能力短板，形成生涯规划观。

学情分析

本次课程的授课对象是初二年级的学生。初中生正值青少年时期，初中毕业后会面临人生的多种发展途径，此时的青少年已经开始觉察并培养某方面的兴趣和能力，并且会慢慢以个人能力为核心，将这种兴趣和能力表现在各种与职业有关的活动上。因此生涯探索与发展等相关课题对青少年而言是不可或缺的。

初二学生自我意识增强，这一阶段的主要任务是克服自我同一性危机，学生需要确认自己是一个怎样的人，包括学业和职业方面的特质。在日常教学过程中可发现，部分学生情绪消极，对未来感到迷茫，没有方向，学习缺乏主动性，像"一只只被赶上架的鸭子"。在这一阶段，学生需要根据个人的兴趣和能力，观察他人以了解各类职业，再将其与自我概念相联系。这能帮助他们在进一步认识自己的职业兴趣和优势的基础上，训练收集信息的能力，初步明确梦想职业与当前学业之间的关系，积累知识、锻炼能力、规划未来，为未来职业生涯打下扎实的基础，树立积极正向的个人生涯发展目标。

初二这个阶段对于学生而言，也是世界观、人生观、价值观形成的重要时间节点。特别是近几年，受新冠肺炎疫情的影响，学生外出活动少，较多学生沉迷在电子产品的世界中，导致心理问题的产生和加剧。若能利用生涯教育帮助他们塑造更加完整健全的世界观、人生观和价值观，点燃学生心中的那把"火"，很多心理问题、学习态度问题、学习生活缺乏幸福感等问题都会迎刃而解。

教学资源

一、教学工具

4K 卡纸 8 张，黑色白板笔 4 支，招聘岗位展板，学生号码牌，面试题文稿，打分表等。

二、面试模式：无领导小组讨论

无领导小组讨论是采用情景模拟的方式对应聘者进行集体面试，通过观察一组被测评人员在规定时间内讨论工作相关问题的实际表现，来检测其组织协调能力、口头表达能力、辩论能力、说服能力、情绪稳定性、处理人际关系的技巧等方面的素质，由此综合评价一组被测评人员的能力高下，从中选择最符合职位要求的人选。

三、课前准备

1. 生涯调查

（1）通过问卷、访谈等方式，调查学生与教师对生涯教育的认知状况。

（2）其他工具：职业成熟度测试（MVMT），霍兰德职业兴趣测试，潜意识投射卡（OH 卡）。

2. 招聘岗位公示

（1）宣传部：导演、秘书、文字编辑、摄影师、视频剪辑（各2名）。

（2）研究部：生态研究员（6名）。

（3）科技部：无人机工程师（2名）、机器人工程师（2名）、项目调研员（1名）。

（4）外联部：市场调研员（6名）、外联部经理（1名）。

预设岗位以少于班级人数为原则，以提高学生的竞争意识，对于未在本节课入选的学生，将会利用其他时间安抚落选学生的情绪，引导他们进行反思，并进行二次岗位安排，保证每一位学生都能积极地参与接下来的活动。

3. 简历设计

提供"应聘简历范例"作为参考，要求学生自主设计个人应聘简历，突出自己的优势与特点。

教学过程

本节课分为以下流程:

创设情境 → 无领导小组讨论 → 介绍面试模式 → 师生交流 → 颁发聘书

投递简历，准备面试

教师活动

入场活动——"抢投简历"，引导学生将简历投递给相关部门的考官，然后到指定位置就座。

花蕊环保有限公司

【主营业务】 生态环境建设与运营——业务涵盖生态修复、生态景观、生态设计、环保行业新技术的开发与应用、生态旅游设计与运营、城市环境设施运营等

公司 logo

主持人 A 介绍花蕊环保有限公司的创设理念，通过展示红树林被破坏的图片与视频，引出红树林项目的立项原因，并介绍由四位不同学科教师组建的部门，组织学生进入面试环节。

学生活动

学生抢投简历后，按照所投简历对应位置自由组建小组，了解公司情况及红树林项目需要解决的问题。

设计意图

增强招聘会的代入感，有助于学生迅速进入角色，感受应聘过程中的竞争性。

无领导小组讨论

教师活动

主持人 B 介绍面试流程和具体规则，并宣布面试开始。

（1）头脑风暴。

任务：同组人员以头脑风暴的形式，讨论如何避免红树林被破坏，并将结论整理罗列到第一张卡纸上。

（2）主题讨论。

主题：如果你是红树林的管理者，现在政府给红树林 20 万经费，你只能为下面四个项目的其中一个争取经费，你将如何使用？

①修复与建设红树林的生态系统。

②为保护红树林做宣传工作。

③开发红树林景区，发展旅游业。

④强化科技支撑，发掘红树林的潜在价值。

个人阐述后集体讨论，达成一致的意见，将大家的思路记录在第二张卡纸上。

（3）展示小组讨论结果。

任务：每组派几位学生作代表，带上卡纸，展示小组讨论结果。

小组讨论

主持人 B 宣布面试结束，面试官开始统分。

学生活动

准备面试，了解规则：

（1）头脑风暴。

①读题思考。（1 分钟）

②安排记录员并开始集体讨论。（5 分钟）

（2）主题讨论。

①了解问题，认真审题，独立思考。（3 分钟）

②个人阐述观点。（每人1分钟）

③自由讨论，交叉辩论，继续阐明自己的观点，或对别人的观点提出不同意见。最终得出小组的一致意见，形成结论。（20分钟）

④总结陈词，小组代表总结组内观点。（1分钟）

（3）展示小组讨论结果。

小组分别展示。（每组5分钟）

小组展示

设计意图

（1）通过头脑风暴助力下一个活动的开展，也对学生在团队中的表现作出评价。

（2）通过无领导小组讨论，进一步挖掘学生的个性特点及能力等。

（3）让学生体验无领导小组讨论的面试环节，为后面的自我评价、生涯规划做好铺垫。

了解面试，反思自我

教师活动

主持人C介绍无领导小组讨论：

（1）概念。

（2）面试流程：面试官提出任务和要求—准备阶段—个人陈述阶段—自由讨论阶段—总结陈词阶段。

（3）教师经验分享：找准角色，脱颖而出。

（4）提炼升华：引导学生思考自身表现和特点，引出生涯规划理念。

学生聆听有关无领导小组讨论的介绍，根据教师提供的角度对面试过程中的自我表现进行评估，思考面试过程中自身角色的定位，了解自身能力特点，形成生涯规划观。

借助无领导小组讨论这一面试模式，引起学生对自身能力、特点的挖掘，思考自己的未来，激发其对学习生活的规划意识，产生对未来从事职业的想象。

学生分享活动心得

主持人 D 采访学生关于本节课的感悟，从能力培养、规划设想、自我评价等角度与学生交流。

学生分享自己的感悟，反思自己在活动中的表现，推测自己能否被录取，聆听教师对自己发言的点评。

学生在分享过程中更充分地了解自我，教师应鼓励学生多反思、多琢磨。

颁发聘书

主持人 A 代表各部门面试官宣布面试结果，颁发聘书，恭喜应聘成功的学生，并分享所在部门岗位需求的能力及该学生应聘成功的原因。

受聘学生上台领取证书，其他学生对应聘成功的学生鼓掌致意。

学生意识到不同岗位需要不同的能力，为未来储备所需能力。

学案设计

"红树林——我的梦"招聘会面试题

问题一：讨论如何避免红树林被破坏。

问题二：如果你是红树林的管理者，现在政府给红树林 20 万经费，你只能为下面四个项目的其中一个争取经费，你将如何使用？

①修复与建设红树林的生态系统。

②为保护红树林做宣传工作。

③开发红树林景区，发展旅游业。

④强化科技支撑，发掘红树林的潜在价值。

触觉延伸

一、心路历程

从高中生的高考选科到大学生的就业指导，生涯教育的理念一直贯穿其中。不同学段学生的年龄差异导致其心理发展水平、认知结构存在差异，面临的人生挑战也有所不同，因此不同学段的生涯教育亦会有所区别。那么，生涯教育能否在初中这个学段开展？2020年 7 月，珠海市金鼎中学与珠海市教育研究院物理教研员卜红老师共同研究探讨，决定以"红树林——我的梦"为主题，利用红树林自然保护区这一自然资源，设计一节适合初中学段的生涯教育课。

珠海市金鼎中学位于珠海市高新区，珠海淇澳红树林自然保护区则是珠海市高新区著名的自然资源，珠海市政府将它建设成集生态、科普、游憩等于一体的综合性湿地公园，但它依然面临自然灾害与人为破坏等现实威胁。

为了对该资源进行深度开发和整体设计，金鼎中学组成了生涯规划团队，该团队最初由五位来自不同学科的教师组成，其中多数教师是第一次接触生涯规划教育，对课程的设计感到陌生。为了让教师理解生涯教育，团队利用暑假查阅了大量文献，对大学和高中的生涯规划进行分析甄别，研究初中生涯规划的相关案例和理论文献，结合初中生的心理特点，确定了本课程的设计理念——"自我认知、职业认知、生涯定向、生涯决策""前期准备、项目体验、记录反思、生涯构建""社区服务、实地考察、社会调研、短期实习"。该理念在生涯规划教育课程设计的基础上，融合了"劳动教育""体验式教学"的设计。

接着，团队以头脑风暴的形式，以"课程目标是什么""学生做些什么""学生能做成什么"三个角度对"红树林——我的梦"这一主题进行分析。

对于"课程目标是什么"这个问题，考虑到本课的设计理念融合了劳动教育和体验式教学，所以我们希望借助红树林面对的真实困境，让学生对红树林开展实地调查，为其寻找出路，为保护红树林尽自己的一份力。在完成该项目的过程中，引导学生思考自然环境与社会人文的关系，反思我们每个人在这个世界上的定位和影响，反思在整个活动中自己合作交际时的言行、解决问题的思路、完成任务过程中的情绪状态，进一步了解和认识自己。由此，基于卢婧硕提出的以"生"为本的三级目标体系重新设计，团队提出了"红树林——我的梦"的三级课程目标（见下图）。

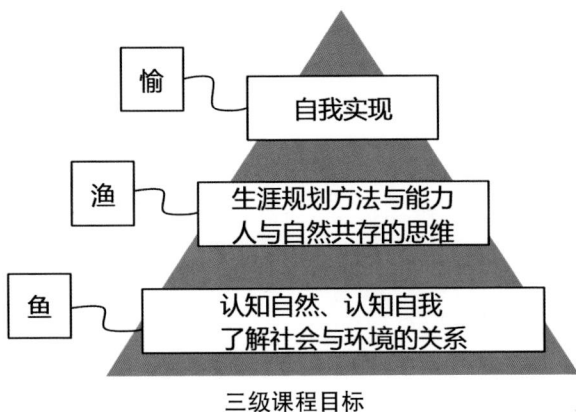

三级课程目标

对于"学生做些什么"的问题，团队结合负责授课的四位教师的学科进行讨论，确定了"生物与生态环境""信息科技与无人机和机器人技术""心理与周边居民生活调研""音乐与拍摄宣传"四个研究方向，分为四个部门。学生将在"初探红树林"活动中了解、认识红树林，在模拟招聘会中分部门应聘，在招聘中借助问题各抒己见，为保护红树林寻找出路，并反思自己在模拟招聘会中的表现，认识自己。

对于"学生能做成什么"的问题，团队希望借助小组的力量，课后由部门教师组织和家长协助，利用课余时间组织学生开展实地调查，研究方案，交流成果，分享自己在这个项目中的点点滴滴。

模拟招聘会后，为了让学生借由真实的任务体验去感受不同岗位、不同职业的劳动特点，挖掘自身的潜力，四位授课教师利用周末时间，与班主任、家长志愿者一起组织学生前往红树林调查研究，根据部门分工设置了相应的工作任务，要求学生完成。

活动合影

采访居民

实地调查后，学生利用课余时间，交流、分析收集到的信息、资料，并思考如何将所在部门的研究成果对外展示、介绍。

收集资料

交流分析

制作道具

信息导入

临近期末，授课教师组织学生展示各部门的成果，分享参与这个项目的心路历程。

小组展示

二、分析总结

1. 教学目标的达成情况

（1）学生通过授课教师的介绍和与同组成员的讨论，能获得对红树林这个项目的更多认识。

（2）体验无领导小组讨论这种面试模式，并在授课教师的引导下，反思自己的表现，增强对自己能力与潜力的关注。

（3）借助"应聘成功"和"应聘失败"的体验，让学生感受到职场的竞争性；面试官分享被录取学生应聘成功的原因，使学生有意识地从职业发展的角度在校园生活中培养能力。

2. 无领导小组讨论的优点

采取无领导小组讨论的面试模式，是考虑到每个部门对专业性的要求虽然不同，但并没有那么高，更多的是要考查学生的综合素质。而且这种方式相对于单个面试而言，效率会更高，学生的参与度、体验感也会更强。学生在这个环节展示自己、认识他人，也利于后面新团队的组建和分工。面试结束后的介绍，还可以让学生意识到社会对人才的需求，激发学生对提升自己综合能力、素养的愿望。

3. 对落选学生的处理方案

职位数少于学生人数的安排，包括设置投递简历环节等，核心目的都是强化招聘会情境的真实性，激发学生的进取意识。落选的学生通过这次经历，在心理教师的引导下接受挫折教育，提高抗挫能力，激发自我提升的意识。在招聘会结束后，对于落选的学生，会另行安排时间进行第二次招聘，根据每个人的特点，将他们安排到适合的岗位上，照顾每位学生的自尊心，保证人人参与。

4. 基于不同学科设立的四个部门岗位之间的"化学反应"

在头脑风暴的时候，团队遇到了很多困惑，就生物这门学科而言，从"带学生做研究"到"研究什么"，从"研究成果是什么"到"是否发表论文"等不一而足。所以团队在研讨的过程中，就要考虑到成果的可行性，还有各个学科相应的部门间的联动。最后我们提出了以下设计思路：

生物——生态研究：研究红树林生态环境特点，设置展板、画报等向来访者科普。

信息技术——机器人技术：借助机器人观察园区的环境以及来访者，通过机器人技术干涉来访者的不文明行为，开展文明倡议与宣传活动。

心理——周边人文调查：通过问卷、访谈等方式了解红树林周边群众的生活状况，向政府部门了解相关管理措施，发现待改进的地方，并提出改进建议。

音乐——宣传功能：拍摄记录另外三个部门的研究过程，整合三个部门的研究成果，制作保护红树林的宣传短片。

通过学生最后的成果汇报，我们发现"音乐与拍摄宣传"部门将其他三个部门的调研过程清晰地记录了下来，并整理成纪录片，让学生、教师与家长通过视频回忆整个活动。而"生物与生态环境"部门凸显生态价值，"心理与周边居民生活调研"部门凸显人与自然的关系，"信息科技与无人机和机器人技术"部门凸显现代科技对自然保护区保护方式的改革。四个部门相互协助，获得了更加深入全面的体验。

5. 课外研学活动的可行性分析

本次生涯教育课十分成功，教师和学生的收获都很大，从本次教学的设计来看，成功的主要因素有三点，分别是模拟招聘会、实地调研与团队合作、成果汇报分享。但作为一次生涯教育的"实验课"，如何将其落实到同年级所有班级，这是我们研究的另一个方向。

为了达到这个目标，我们分析促成这三方面成功的主要因素，其中模拟招聘会是最容易实现的，只需要做好前期准备，让每位学生制作简历，便可以利用每班的两个课时开展活动。

对于实地调研与团队合作，我们设想可以由学校层面组织课外研学，根据模拟招聘会的分组提前布置好研究任务，组织学生开展实地调研，鼓励学生利用课余时间进行团队合作，讨论分析并生成研究成果。

对于成果汇报分享，我们设想由班主任组织学生将研究成果和心路历程转移到班会课上分享，班主任协助总结引导。还可以由学校层面组织各班学生以展板、视频等形式，向全校展示分享所在班级的研究成果。

教学评价

一、教师评价

学生体验了自己感兴趣的职业后，初步认识了职业特点，更重要的是体验之后的反思，通过反思深入了解自我，挖掘潜能，初步建立个人成长和未来职业之间的关系。

在教学活动中设置与生涯发展有关的引导问题或作业，帮助学生增大学习动力，发掘优势潜能，认识自身擅长与薄弱的学科，理解自身思维方式和学习能力，建立对"学科—专业—职业"内在联系的认知，为学业规划作初步准备。

对人漫长的一生而言，初中阶段的生涯教育有多大影响，我们尚未知晓，但希望当他们提及自己的成长时，会跟旁人说："当年有那么一位老师、那么一种课堂，让我知道，我得去思考生命的意义、我想要的生活是什么样子。在那之后，我开始认真努力地生活。"

二、学生评价

韦同学：这次活动为我揭开了红树林神秘的面纱，我们在了解它的起源、探索它的过去的过程中，学到了各种生物的习性，发现物种如此多样；明白了保护红树林的重要性，各种濒危生物都在向人类发出警告——这些便是我们制作保护红树林宣传片的意义所在。保护环境，刻不容缓，我也会在今后的生活中从自身做起，积极宣传环境保护的重要性，保护动植物的家，就是保护人类自己的家。

范同学：当我来到红树林，看见那蔚蓝的天空还有那在水中自在地游动的鱼儿，原本不知道要拍什么的我，一下子有了想法。大自然的美丽不需要滤镜和剪辑也能透出它原本的魅力，人们在树林间穿梭，好奇地望着那些新奇的植物——多么和谐美好的画面，我举起手机默默地记录了下来。人类本就生活在大自然中，与其说我们在守护自然环境，不如说它们在保护我们。我们拍下的照片不全是美好安详的，也有充斥着垃圾的小泥坑、乱摘叶子的小孩……他们真的不懂得保护环境吗？他们只是不在乎而已，只有让他们生活在没有阳光和水源的地方，他们才能明白保护环境的重要性。

邱同学：这次汇报，我们部门向大家展示了红树林的研究报告。今天，我们化身为红树林的一员，扮演特定的动植物角色，以第一人称带大家走进红树林，直观地感受红树林的美丽。这次研讨活动，我们部门的成员都积极投入，勇于实践，相互帮忙修改稿子，交流讨论问题，齐心协力完成任务。我们部门的导师也循循善诱，激发我们的写作灵感，引导我们改进不足。最后圆满汇报成果，离不开每个人的辛勤工作，勇于克服一道道难关，战胜自我。回顾研究历程，虽然艰难，但我们都收获了满满的成就感。在查阅资料时，我也丰富了对动植物的认识。这次活动对我们来说是一个优化自我的成长过程。

参考文献

卢婧硕.新高考背景下高中生涯规划教育体系构建：以A中学为例［D］.保定：河北大学，2020.

生涯规划探究课——传承茶粿文化，助力扶贫攻坚

冯鹤　黄舒琪　程方明　区嘉朗　陈炜

教师风采

团队介绍：本团队由 5 名初中教师组成，分别来自语文、物理、历史、生物、心理这 5 门学科。团队成员年轻而充满朝气，具有创新意识并勇于接受挑战，具有良好的社会责任感，愿为"传承茶粿文化，助力扶贫攻坚"贡献一份力量。

冯鹤　珠海高新区青鸟北附实验学校初一年级级长，中学语文一级教师。从教十余年来，长期致力于毕业班的教学工作，先后培养过语文单科及全科中考状元。多次获得市"优秀班主任"和"优秀教师"称号。

黄舒琪　珠海高新区青鸟北附实验学校中学二级物理教师。曾获珠海市高新区"诚信班会"班主任课件二等奖，校级"五高"理想课堂比赛优秀奖，校级青年教师教学能力大赛特等奖。曾担任高新区中学物理学科中心教研组成员，获得校级"优秀教师"称号。

程方明 珠海高新区青鸟北附实验学校中学部（初中段）教师。多次获得校级"优秀教师"称号，担任高新区中学历史学科中心教研组成员。曾获高新区教育教学优秀论文三等奖1次，高新区中考模拟"优秀阅卷员"称号1次。

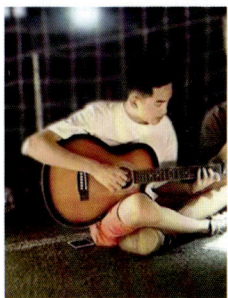

区嘉朗 珠海高新区青鸟北附实验学校生物教师，曾获2020—2021学年学校"优秀教师"称号、高新区2020年初中生物教师概念教学说课比赛三等奖等。

陈炜 珠海高新区青鸟北附实验学校心理教师，国家三级心理咨询师，广东省中小学心理健康教育B证教师。曾参与珠海市青年教师技能大赛，高新区课堂教学大赛，荣获一等奖等奖项。擅长情绪、情感、人际交往等方面的咨询，坚持开展学生心理健康教育、心理咨询以及亲子工作坊等各类心理活动。

教学蓝图

舒伯生涯发展理论表明，从4岁开始到65岁分为不同的生涯发展阶段，而中学生正处于生涯发展阶段的探索期。通过前期生涯课程的积累，使学生关注、理解并认同生涯规划，唤醒学生的生涯规划意识，引导其进行自我探索。带领学生实地考察体验，了解茶粿文化的地域特色，以及传承茶粿文化需要具备的基础知识和技能，即明晰本次课程的背景以及胜任这份工作应具备的知识与技能。

在此基础上，结合霍兰德职业兴趣理论、MBTI性格理论、马斯洛需要层次理论及舒伯职业价值观理论做招聘准备，开设职业宣讲会，对学生进行生涯状况了解程度的调查和职业倾向性测试，使学生探索自己的兴趣、性格、能力以及价值观，引导其将自我探索与实地体验所得相联系，即将自我探索与初步的外部探索相结合，并由学生自行设计简历。

　　而后通过模拟招聘会、成立公司、补录宣讲等多种课上活动形式，增加学生对外部职业世界的探索与体验，使学生进一步深入了解社会的发展趋势和需求，了解不同职业的基本情况、工作任务、发展过程、行业前景以及社会责任；提高学生认识自我的准确程度，使其挖掘自身潜力，认清自己的价值追求，并最终结合自我探索与外部世界探索，了解自身就业倾向，制定目标并行动。

　　本次课程中，学生不断探索，制订合理的生涯规划，激发自身内驱力，可更好地传承茶粿文化，践行企业理念，向更高层次的需要迈进。学生主体与教师主导穿插进行，教师引导与学生体验相辅相成，可以更好地帮助学生在日后的学习与生活中践行生涯规划。

　　课上成立公司后，在公司创设理念的指引下，学生撰写个人职业生涯规划书，制订公司未来三年发展规划。规划中包括与茶粿作坊合作，从茶粿的制作到茶粿的工艺升级再到茶粿副产品的研发制造等，运用高科技手段传承茶粿文化乃至周边特色的地域文化。在传承文化的同时与周边落后地区的茶粿作坊实行一对一、一对多的精准帮扶，促进茶粿产业发展，为祖国的扶贫事业添砖加瓦，为构建和谐社会、消除贫困、改善民生、逐步实现共同富裕等贡献微薄之力，这是企业的社会责任。通过亲自设计，学生思考并厘清自身的职业价值观，同时树立向善的职业价值观，进而形成传承文化、助力扶贫、小我成就大我、促进社会和谐发展的价值观。

课程概况

授课课题

　　生涯规划探究课——传承茶粿文化，助力扶贫攻坚。

同构教师

　　授课部分：陈炜。
　　模拟招聘部分：黄舒琪（面试官1）、冯鹤（面试官2）、程方明（面试官3）、区嘉朗（面试官4）。

授课时间

　　2021年6月10日，4课时。

授课地点

　　珠海高新区青鸟北附实验学校，录播室。

录播室

教学目标

（1）使学生了解茶粿文化的地域特色，建立茶粿文化与扶贫文化之间的联系，明晰本次课程的背景及传承茶粿文化所需的基础知识和技能。

（2）引导学生深入探索自我，包括兴趣、性格、能力以及价值观，并将自我探索与实地考察所得相联系，即将自我探索与初步的外部探索相结合。

（3）增加学生对外部职业世界的探索与体验，使学生深入了解社会的发展趋势和需求，了解不同职业的基本情况、工作任务、发展过程、行业前景以及社会责任，提高学生认识自我的准确程度，使其挖掘自身潜力，认清自己的价值追求，并最终结合自我探索与外部世界探索，了解自身就业倾向，制订合理的生涯规划，提升自身水平以达到职场的要求与标准。

（4）通过个人职业规划的体验，帮助学生找到自身学习成长的内驱力，并将情感和态度外化为行动，增强行为的目的性与动力，使其树立适合自身的生涯目标，制订合理的生涯规划，并在日后的学习与生涯追求中为自己的目标持续努力。

（5）帮助学生思考并厘清自己的职业价值观乃至生涯价值观，引导学生树立向善的职业价值观，同时培养学生传承文化、助力扶贫、小我成就大我、促进社会和谐发展的价值观。

学情分析

初中阶段是人生发展的一个重要时期，正由少年期向青年期发展。身处青春期的学生强烈关心个性成长，自我意识逐渐增强，抽象思维能力得到极大的发展，认识和评价自我的能力逐渐生成。同时学生思维的独立性和批判性显著发展，开始具备独立思考能力，会尝试分析解决问题，并对一些事物形成自己独特的看法，对各种职业的社会价值和意义有了进一步的认识。但这一时期学生的身心发展处于非平衡状态，容易产生各种心理发展上的矛盾，陷入现实中的困境，这导致他们对一些事物难以形成客观、全面的认识，也难以用辩证的眼光看待生活中的事件。

许多调查研究和日常教学观察结果表明，当今初中生普遍存在"学习无动力""升学无意识""发展无目标""未来发展无意识""就业无意识"等问题，并呈现出在职业选择中更注重工作稳定和现实利益，较轻视贡献社会和承担责任义务的特点，究其根本，是他们对未来的职业生涯没有明确的规划，且缺乏正确合理的价值观的引导。通过生涯教育来帮助学生准确认识自我，探寻兴趣特长，挖掘自身优势，能够充分调动其主动性和积极性。同时，价值观是生涯规划中的一个重要因素，决定着生涯的发展方向，是学生生涯规划的起点，也是生涯路径能否走稳的关键。初中生的价值观具有很强的不稳定性和可塑性，那么在一系列探索自我和职业体验活动中，为学生开展如何树立正确合理的价值观的教育就显得尤为重要。这有助于丰富他们对职业的认知，使其明确人生目标，辨明人生方向，拥有更积极的心态，同时明晰当下的主要任务。此外，价值观的树立是不断修正和调整的过程，前期的不断探索，所储备的资源，都会为学生未来的人生规划和身心健康发展打下扎实的基础。

教学资源

教学工具或材料：多媒体、矿泉水瓶、剪刀、卡纸、胶布、绳子等。

教学过程

情境创设

教师活动

（1）介绍青鸟集团有限公司的创设理念以及岗位设置。介绍面试官，引出面试环节。

（2）学生抢投简历至相关部门。

学生活动

（1）聆听介绍，了解应聘公司。

（2）投简历，按照所投岗位自由组建小组。

设计意图

让学生转变角色，适应情境，提高对本次应聘的认真程度，增加应聘过程的竞争性。

评价内容

（1）学生状态是否积极投入。

（2）学生对公司及其项目是否感兴趣。

面试环节

教师活动

面试官宣布面试开始，介绍面试流程和具体规则。

学生活动

准备面试，了解规则。

设计意图

使学生快速进入角色。

评价内容

学生能否按照规定完成任务。

环节一 1.1 "我有你没有"

教师活动

将学生分为若干组，以小组为单位，游戏规则是：组内随意挑选第一位成员先说出自己"有"的（如特长或者技能），"没有"的同学则淘汰，胜出者再进行新一轮的"我有你没有"游戏，直至最后只有一位胜者。

例如：A同学说我会游泳，组内会游泳的同学举手，不会游泳的同学则被淘汰。

学生活动

分小组参与活动，积极展现自己的特长。

通过该活动，面试官快速了解每位学生的特点和能力，为招聘提供依据。

评价内容

学生表达的特长与技能可作为对该学生某方面能力的评价。

1.2 模拟推销

教师活动

（1）学生依次上台向其他参赛者推销产品，台下的参赛者可在推销过程中提出三个有意义的问题或异议。同时每位参赛者各有十枚模拟货币，可选择是否购买其他参赛者推销的产品。

（2）赛后统计各参赛者获得的货币数量。

学生活动

尽情展示自己的推销能力，收获尽可能多的模拟货币。

设计意图

通过模拟推销，面试官清楚地掌握每位学生的表达能力及其善于利用哪种推销方法。

评价内容

学生能否完成整个推销过程；面对"顾客"的问题和异议，能否快速想出妥当的解决办法。

1.3 结构化问题

教师活动

面试官针对学生简历所投部门，一对一向学生提问。

Q1：本公司以"文化＋扶贫"为理念，那么当你加入我们后，你能就"文化"或"扶贫"给出怎样的短期和长期的规划？

Q2：若要推广和宣传我司的茶粿，你认为可以采取哪几种方式？

Q3：请你设计一句有创意的宣传标语或广告语，以体现我司"文化扶贫看淇澳"的口号。

Q4：为推广我司的茶粿文化，请你设计一个线下的小型宣传活动，并谈谈你的想法。

Q5：现在把公司的官方公众平台（公众号）交给你运营，从0粉丝起步，谈谈你的三步计划。

Q6：在扶贫工作中，当困难户对茶粿项目或茶粿改良技术心存疑虑时，你会如何消除他们的顾虑？

Q7：作为我司员工，你在帮助困难户提高收益方面取得了一定的成绩，现在需要你招募扶贫志愿者加入团队，你会怎样打动有意向者？

学生活动

用三十秒审题、思考和组织语言；用一分钟将自己的观点清晰准确地阐述出来。

设计意图

通过结构化问题，进一步考查学生在语言组织、思维应变方面的能力，着重引导学生价值观的形成，为招聘提供依据。

评价内容

学生能否清晰准确地表达自己的观点；在预设情境中能否想出良好的变通方式。

环节二 2.1 无领导小组

教师活动

讨论主题：如果你是公司的一员，你将如何利用公司平台帮助农民脱贫？可以从下面四个选项中选择一项阐述具体办法，也可以发表自己的独立见解。个人思考后集体讨论，达成一致的意见。

（1）让贫困户成为原材料供应商。

（2）给贫困户提供就业岗位。

（3）给贫困户提供技术入股的机会。

（4）帮助贫困户搭建销售平台。

（5）帮助贫困户改良茶粿工艺。

请通过设计海报、制作视频或PPT的方式做一个关于"茶粿文化在珠海的传承与发展"的汇报展示。（提前通过网络和线下走访收集资料与素材）

学 生 活 动

（1）了解问题，认真审题，独立思考。（3分钟）

（2）个人阐述观点。（每人1分钟）

（3）自由讨论，交叉辩论，继续阐明自己的观点，或对别人的观点提出不同意见，最终得出小组的一致意见，形成结论。（20分钟）

（4）总结陈词：小组代表总结组内观点，汇报展示。

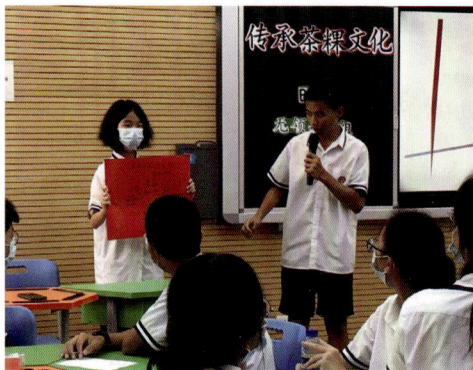

小组汇报

设 计 意 图

通过无领导小组讨论，进一步挖掘学生的个性特点、能力评价，便于后期评分筛选。

评 价 内 容

（1）学生对问题是否有独立的想法，能否清晰地阐述自己的观点。

（2）学生能否积极参与讨论环节，扮演好适合自己的角色。

（3）在展示环节，学生能否就思考结果介绍具体方案和思路。

2.2　实践任务

教 师 活 动

各面试官根据面试评分表的结果指向，有针对性地与有意向的应聘者简单沟通，达成就业的双向选择。

学 生 活 动

收集整合各方面的材料，通过多种形式向面试官表达茶粿文化在珠海的传承与发展情况。

设计意图

使学生了解茶粿文化的地域特色，进一步发掘学生资料整合、绘画设计、口头表达和网络应用的能力，从而帮助其认识到在文化传承和扶贫攻坚上应具备哪些基本知识和技能。

评价内容

（1）学生能否对该主题形成自己独特的观点，并将观点延伸，形成体系。

（2）学生是否具备基本的表达能力和网络应用能力。

环节三 补录宣讲

教师活动

向未竞聘上自己心仪岗位的同学解说调岗的重要性，再重新宣传各个岗位的职责与要求。力求每位应聘者都能找到适合自己的工作岗位。

学生活动

了解调岗的重要性，认真聆听各岗位的职责与要求，表达自己的诉求和意愿。

设计意图

引导学生树立正确的择业观念。

评价内容

学生能否意识到调岗的重要性，能否及时调整自身的择业心态。

教师小结

教师活动

（1）介绍"1常规+1创新"面试模式及面试流程。

①1常规：无领导小组讨论。

介绍无领导小组讨论的概念及流程。

②1创新："我有你没有"。

介绍"我有你没有"的概念和流程，以及相应的实践任务。

（2）引出生涯规划的理念。

（3）介绍补录宣讲环节的意义。

（4）总结本次职业生涯规划的体验，强调本次企业创设的理念。

总结升华

学生活动

（1）仔细聆听。

（2）回顾刚刚的自我表现并自我评估。

（3）了解自身的兴趣、优势、特长、能力、价值观等，准确进行自我定位。

（4）对生涯规划产生清晰立体的认知。

（5）再次回顾模拟招聘会补录宣讲中的自我表现，思考自身知识与技能的不足。

（6）认真聆听并思考自身的职业价值观是否与企业的创设理念相符。

设计意图

（1）让学生了解职场面试中的常规面试模式和随着时代改变而日益更新的创新面试模式。

（2）学生通过评价自己在模拟招聘会中的表现，进一步认识自我，准确定位自我。

（3）引导学生将体验与概念、理论相联系，对生涯规划有更清晰和明确的认知，从而更好地制定目标和采取行动。

（4）引导学生将补录宣讲环节中的自我表现与理论相结合，发现自身知识与技能的不足，产生达到职业标准的愿望，激发内驱力，提升知识与技能水平，完善自我。

（5）引导学生进一步思考自身的就业意向，树立向善的职业价值观。

评价内容

（1）学生能否明白"1常规+1创新"面试模式的概念和基本流程。

（2）学生能否将体验与理论相联系，对生涯规划有更清晰和明确的认知，制定下一个目标并采取行动，从而系统地进行生涯规划。

（3）学生能否意识到是能力不足导致自己进入补录环节。

（4）学生能否主动思考并逐步构建自己的职业价值观。

（5）学生能否根据本次课程所传递的职业价值观，结合自身情况，逐步调整原有的职业价值观。

学生分享活动心得

教师活动

组织学生开展心得分享会议，谈谈自己对本节课的感想、对未来工作的规划以及想要达到的目标等。教师记录学生的分享过程，并以此为依据，对后续工作进行补充、修改。

学生活动

学生分享自己的心得体会，同时聆听其他学生的分享以及教师对他们面试过程中表现的点评。

设计意图

锻炼学生的语言表达能力和归纳总结能力，并帮助学生融入职场生活。

评价内容

（1）学生能否充分表达自身的感想以及对未来发展的期望。

（2）学生能否感受到职场的氛围。

（3）学生能否获得充分的职场体验，这关系到学生参加接下来的项目实践活动。

颁发聘书

教师活动

各部门面试官宣布录取结果，颁发聘书以及工作证。

颁发聘书

受聘学生上台领取聘书，其他学生向应聘成功的学生鼓掌致意。

领取聘书

贴近社会实际，让学生意识到自己已经踏入了职场，需要不断提高素养。

学生是否明白所应聘岗位的职责。

结束语

总结本课，并提出对未来的展望以及在整个体验课程中的注意事项。

聆听，总结经验。

帮助学生回顾整个过程，使之有所收获，激发学生对本课程未来发展的兴趣。

学生在学习状态、生活习惯、沟通交流等方面是否有所改善，是否制定目标并采取行动。

课程设计

一、教学整体流程

1. 课前设计

（1）选题分组：确定方向。

（2）实地考察：茶粿小作坊。

由教师、学生共同组建参观团队，每个小组都带着问题去参观小作坊，按照秩序了解各个岗位的职能。

（3）成立公司：向学生征集公司名称，学生发挥自己的想象力。

（4）应聘准备：课前准备。

①生涯调查：访谈调查学生对生涯教育的认知程度。

②职业测试：学生完成职业倾向性测试。

（5）招聘公示：项目组根据每个小组的职能设计适当的招聘岗位。

（6）职业宣讲会。

（7）简历设计。

2. 课程设计

情境创设→面试环节→"1常规+1创新"→补录宣讲→学生分享活动心得→颁发聘书→结束语。

3. 课后设计

根据招聘结果，未成功应聘的同学结合自身评估和教师考量，由项目组分配到其他相应部门。

（1）根据课程所得，课后完成个人的职业生涯规划书。（详见学案1）

（2）结合个人职业生涯规划书，探讨并完成公司未来三年的发展规划，包括如何建立健全公司各项制度、工作标准，如何进行茶粿文化的传承以及扶贫攻坚等。（详见学案2）

二、课前表格设计

（1）设置对应学生职业能力的评分标准。

面试评分标准

测评要素	仪态举止	沟通表达能力	逻辑思维能力	协调与应变能力	专业素养	实操能力	创造力	简历
分数	5	15	15	20	15	10	10	10
观察要点	①行为举止自然大方，有亲和力。②衣着整洁，仪表得体	①声音洪亮。②思路清晰，使用肢体语言表达，表述流畅。③重点突出，能清楚地讲述自己的观点	①表达时层次清楚、主次分明、条理清晰。②能综合分析，逻辑性强，思维开阔	①能迅速融入小组讨论，同时能协调好小组内成员的关系。②尊重他人。③面对变化的情况较为冷静，并能迅速找到变化的原因，做出调整	①有较强的职业素养，对该职业有良好的认知。②专业性强	①有目的、有方法地实操。②积极性强，操作娴熟。③出错次数少	①主动发现问题，自主学习，求知欲强。②积极参与讨论交流，大胆发表意见，敢于质疑、超越、求新，常提出新观点、新方法	①美观，具独创性，字迹工整。②内容全面，涉及个人能力、奖励情况、实践经历等

（2）教师填写面试评分表，对学生的各项能力进行评价。

面试评分表

评委签名：		无领导小组讨论			实践活动				
序号	姓名（班级）	仪态举止（5）	沟通表达能力（15）	逻辑思维能力（15）	协调与应变能力（20）	专业素养（15）	实操能力（10）	创造力（10）	简历（10）	总分
1										
2										
3										
4										
5										
6										
7										
8										
9										
10										

（3）模拟招聘岗位设置。

共46名学生，为了让每位学生都能体验职业生活，录取率为100%，招聘岗位及数量设置如下：

①冯鹤老师为生产部面试官，招聘13人（生产总监1人，其余为生产调度专员、物料管理员、操作人员）。

②程方明老师为市场部面试官，招聘8人（产品主管、市场调研主管、市场策划主管）。

③区嘉朗老师为育种部面试官，招聘9人（种植专员、生长记录专员、采收专员）。

④黄舒琪老师为研发部面试官，招聘6人（研发经理、研究员）。

⑤陈炜老师为宣传部面试官，招聘10人（总监、平面设计师、新媒体编辑、活动策划专员）。

学案设计

学案1：个人职业生涯规划书

一、引言

在这里写下你制定职业生涯规划书的原因，你期望职业生涯规划书对你产生怎样的帮助和改变？

二、自我认知

1. 自我评估

我的近照	
我的性格 （我是个怎样的人）	
我的兴趣 （我最喜欢干什么）	
我的能力 （我能够干什么）	
我的特质 （我最适合干什么）	
我的价值观 （我最看重什么）	

2. 环境评估

家庭环境	亲子关系	
	亲属关系	
	经济状况	
	父母期待	
学校环境	师生关系	
	同学关系	
	学业情况	
	社团角色	
社会环境	社会实践	
	社会形势	

3. SWOT 综合分析

	机会因素（O）	威胁因素（T）
外部环境因素		
	优势因素（S）	劣势因素（W）
内部能力因素		

三、职业分析

1. MBTI 性格倾向测试 [①] 结果分析

性格类型	
性格优点	
性格弱点	
解决策略	
建议职业	

---

① http://www.apesk.com/mbti/dati.asp.

2. 霍兰德职业兴趣测试[①] 结果分析

霍兰德代码	
性格特征	
典型职业	
说明	
建议	

四、职业抉择

序号	职业选择	备选大学	对应专业
1			
2			
3			

注：职业选择按照你的喜欢程度排序，职业名称越具体越好。

五、实施计划

目标	时间跨度	具体实施计划
远期目标		
中期目标		
近期目标	高三	
	高二	
	青鸟集团有限公司工作任期内	

六、结束语

请谈谈你对本次职业生涯规划探索课程的学习心得与感悟，并畅想自己美好的未来。

---

① http://www.apesk.com/holland/index.html.

学案 2：青鸟集团有限公司发展规划（未来三年）

2021 年，在学校领导的大力支持和师生们的共同努力下，生涯规划探索课程顺利开展。随后，本公司也完成筹建工作并顺利开业，慢慢步入正轨。在整个发展过程中，本公司紧紧围绕"传承茶粿文化，助力扶贫攻坚"这一理念制定公司发展战略及经营目标，各司其职，团结努力，确保人力培训、制度维护、后勤保障等方面落实到位，为实现公司的初期发展目标尽职尽责。

一、三年发展战略

（1）在新的发展阶段，公司将坚定贯彻新发展理念，为构建新发展格局助力，坚持以高质量发展为根本方向，抓住机遇，传播茶粿文化，传承传统特色地域文化；运用高新科技和新媒体平台等，结合当代的潮流热词，推陈出新，向内挖潜，向外拓展，扩大品牌的知名度，实现跨越式发展。

（2）三年内业务收入逐年增长，行业资质上一级，成为本地区具有知名度的食品公司之一。

（3）扩大品牌优势，探讨、总结管理经验，形成具有自主知识产权的管理模式。

（4）在实现逐年稳步增长的同时，与当地及周边落后地区及产业合作，进行一对一、一对多帮扶，促进当地特色文化产业发展，达到扶贫攻坚的目标。

二、三年发展规划

（1）公司发展思路。

本公司始终坚持以精准扶贫为己任，以服务地方经济发展为目标，把"精准扶贫，带动脱贫"与企业发展紧密结合，重点实施产业扶贫。通过"公司＋合作社＋贫困户"的经营模式，带动周边乡镇产业发展，为当地经济发展、脱贫攻坚做出贡献。

（2）文化产业经济环境分析。

唐家茶粿食品产业的发展空间十分广阔，据了解，唐家茶粿是珠海市唐家湾的一种特色小吃，口味多样，十分美味，但仅有几家当地食品店在销售，没有其他推广销售的途径。当地居民大部分都会制作这种美食，唐家湾还有一个传承唐家茶粿文化的工坊，专门传授唐家茶粿的制作方法。由此可见，若公司与当地居民合作，形成一条产业链，可大大拓宽居民的收入途径，帮助贫困户脱贫，促进当地经济发展。

三、战略实施要点

（1）大力拓宽销售途径，提高公司的业务能力。

（2）重视人才培养和引进优秀人才，增强公司的实力。

（3）建立并完善公司的规章制度，实行规范化管理。

四、业务发展前景展望

公司的唐家茶粿食品业务未来三年将实现低速增长，预计年增长率在10%以上。首先，受疫情的影响，人们的消费观念发生转变，消费能力下降，旅游、文化、餐饮等行业受到一定的冲击。其次，公司刚刚成立，业务水平不高，整个公司的经营模式尚在摸索状态，因此发展速度较慢。再次，在唐家茶粿销售途径稀缺的大背景下，公司凭借新媒体平台等线上渠道以及"公司＋合作社＋贫困户"的经营模式，拓宽销售渠道，提高了该业务的整体竞争力，市场份额将稳步提升。最后，公司将进行产业创新，投入机械化生产，加大产量，同时运用网络平台进行广告宣传，传播茶粿文化，提高品牌知名度，促进公司和当地经济的发展。

板书规划

生涯规划探究课——传承茶粿文化，助力扶贫攻坚

青鸟集团有限公司

B组	A组
无领导小组	结构化面试
实践活动	模拟推销

触觉延伸

一、心路历程

随着珠海市义务教育学段生涯教育试点启动，我们学校作为初中试点校之一，开始着手准备此次活动，学校召集物理、生物、政治、语文、心理教师跨学科联动参与研究该项课题。我们一直在琢磨如何开展初中跨学科融合的职业生涯规划课，正巧当时我们观摩了珠海市金鼎中学李昕等几位老师主讲的"红树林——我的梦"课题讲座，以及珠海中山大学附属中学张德智等几位老师的"走近引力波"课题讲座，便明晰了职业生涯规划课的教学模式。

我们几位老师从选取课题、设计教学方案等方面进行了为期一个月的准备。在设计教

学方案时，我们在多学科层面寻找知识的交叉点、共同点上遇到了较大阻碍，进行了多次研讨，才拟定了本次课程的框架：开设模拟招聘会，并在招聘部门的设置中融入各学科内容。将多学科知识融入生涯教育，在生涯教育中体现跨学科的联动，这对我们来说都是一次挑战。前期除了活动方案、教学过程的设计外，我们还要对茶粿文化进行调研，引导学生进行各项职业测试，举办职业宣讲会等，以完善活动方案。

前期准备就绪后，我们开始了一次又一次的磨课，本次课程终于在 2021 年 6 月以录像的形式呈现在大家面前。课堂中有师师互动、师生互动、生生互动，同学们精神饱满，整堂课十分精彩。课后我们以问卷的形式调查学生，得知学生对本次教学活动的相关评价，感触良多，受益匪浅。这次跨学科生涯教育活动虽然有很多不足，细节上仍待改进，过程亦十分艰辛，但既然有了探索，有了尝试，相信未来我们会做得更好。希望我们的活动能给各位老师带来启发与思考，期待未来能迸发出更多优秀的想法与创意，将生涯教育打造成珠海教育又一闪亮的名片！

二、分析总结

本课设计富有层次感，将学生逐步带入了职业生涯规划的氛围。通过情景创设、公司介绍、模拟面试、补录宣讲等环节，使学生实现了高自主、高协同、高参与。课上学生仿佛身临职场，迅速树立了自己的职业目标。除此之外，学生明确了价值观的形成需要不断修正和调整，前期的探索、储备的资源，都将为未来的人生规划和健康发展打下扎实的基础。

教学评价

一、教师评价

此次活动虽是一次模拟招聘会，但学生经历了面试、被录用或淘汰者被调岗的整个过程，深度体验职场生活，积极展现个人能力。对于学生来说，职业的概念是抽象的，大部分学生甚至从未考虑过未来想从事的职业。没有规划的明天是可怕的未知，没有行动的今天是黑暗的现实，生涯规划的意识需要理性之光来点亮。因此，学生从初中就开始进行职业规划是很有必要的，但生涯规划不是对未来从事职业的简单描绘，它是基于教育实践诉求、指向生涯整体发展的建构行动。此次活动在教学设计、整体把控上存在不足，但很欣喜的是，我们开始了生涯教育的尝试，并适时唤醒了学生们的生涯规划意识，收获了不错的效果。期待下一期汇报课学生们带给我们更多的惊喜，我们也必将在行动中反思调整并付诸实践。

二、学生评价

曾同学：我从来没见过，更别说参加过这样的招聘活动，找工作很不容易，面试不仅要考察个人的职业技能，还设置了团体形式的考察。我在无领导小组讨论中很紧张，总担心发挥得不好，拖大家后腿，所以平时多"武装"自己很有必要，所谓"技多不压身"。

李同学：我对"我有你没有"这个环节感触很深，我们五个人一组，轮到我的时候，我总要花很长时间才能想出一个我有而别人没有的技能，可是其他同学却有很多东西可以说，这让我挺有压力的。我喜欢的岗位实际上需要的技能也比我想象的要多。

毛同学：因为我的妈妈就是从事人力资源管理的，所以我比其他同学更熟悉应聘流程，但是轮到我自己上阵，我还是很紧张。今天的招聘会给我最大的感受就是我不能没有准备地盲目地过我的生活。

贾同学：当我看到自己设计的工作证被批量印刷并发到每一位同学的手上的时候，我有一种说不出的骄傲和喜悦，我觉得我能做更多的事。和设计公司海报的人一起工作时，我感觉和一群爱好相同的人在一起能迸发出更多灵感，取长补短。

参考文献

[1]塞缪尔·H.奥西普，路易丝·F.菲茨杰拉德.生涯发展理论[M].4版.顾雪英，姜飞月，等译.上海：上海教育出版社，2010.

[2]闻佳鑫.霍兰德职业兴趣理论及对青少年职业生涯发展的启示[J].现代教育，2021（6）：60-64.

[3]沈洁.霍兰德职业兴趣理论及其应用述评[J].职业教育研究，2010（7）：9-10.

[4]雷长青.基于霍兰德人格类型理论分析职业规划对学生成长成才的影响[J].明日风尚，2018（16）：254.

[5]冯维.现代教育心理学[M].重庆：西南师范大学出版社，2007.

[6]于珍.中小学职业生涯教育：来自美国的经验与启示[J].外国中小学教育，2008（3）：28，52-55.

[7]郑溪璐.初中生涯发展课程的实验研究[D].重庆：重庆师范大学，2010.

[8]李晓颖.价值观引领下的生涯规划主题班会[J].班主任，2021（3）：40-43.

生涯规划体验课——走近引力波

张德智　丘宇秋　邱红霞　孙巧珍　王双红

教师风采

张德智　珠海中山大学附属中学教师，中学物理高级教师，珠海市高新区初中物理学科教研组组长，广东省生涯教育研究课题"珠海市高新区初中学生生涯规划课程实践研究"主持人。

丘宇秋　珠海市唐家中学教师，中学物理一级教师。

邱红霞　珠海市唐家中学政史地科组长，高级教师，珠海市高新区初中道德与法治教研组组长，曾获国家级、省级、市级、区级多项荣誉。

孙巧珍 珠海中山大学附属中学教师，教育学硕士，毕业于中山大学教育管理专业，中学化学一级教师。积极参加教育科研，承担校级以上课题研究4项，在各级刊物发表论文10余篇，获得省级奖5项、市级奖3项、区级奖7项、校级奖2项。

王双红 珠海中山大学附属中学心理健康教师，国家二级心理咨询师，初中心理健康教育一级教师。近年来一直担任珠海市高新区中小学心理健康学科教研组成员。曾获珠海市高新区中小学心理健康课堂教学大赛一等奖，高新区教育教学优秀论文三等奖，校级青年教师课堂教学比赛一等奖，等等。

教学蓝图

一、认知层面

引力波或许能穿透电磁波不能穿透的地方，因此猜测引力波能为地球上的观测者提供遥远的宇宙中有关黑洞和其他奇异天体的信息。由于这些天体不能为传统的方式，比如光学望远镜和射电望远镜所观测到，引力波天文学将带来有关宇宙运转的新认识。更有趣的是，引力波能够提供一种观测极早期宇宙的方式，这在传统的天文学中是不可能做到的，因为在宇宙再合并之前，宇宙对于电磁辐射是不透明的。所以，对于引力波的精确测量能够让科学家们更为全面地验证广义相对论。[①] 我们组织学生参观天琴中心，了解相关研究，与神秘且离自己遥远的科学家接触，以唤起学生对自我能力的认识，点亮学生对未来职业的憧憬。

二、学业层面

学生在认识自己学业能力的前提下，了解引力波是宇宙大爆炸学说的证据，由此对引力波的测量方法产生浓厚兴趣，这将激发部分学生对相关研究的兴趣。

---

① https://baike.baidu.com/item/%E5%BC%95%E5%8A%9B%E6%B3%A2/726380?fromModule=search-result_lemma-recommend.

三、职业层面

学生亲自采访中山大学天琴中心的科学家，了解他们的工作内容（如激光测距台站），以及成长经历；通过调查家庭职业，了解社会和职场；通过体验和探索自身特质、职业兴趣等，更好地了解自己，建立职业探索意识，引起对未来职业与受教育程度之间关系的关注。

四、匹配层面

学完本节课，学生明白探测引力波需要深厚的物理学、天文学、数学等基础学科知识，如果要实现当科学家的理想，从初中开始就要重视基础学科的学习。珠海市高新区有中山大学珠海校区、北京师范大学珠海校区、澳门科技大学珠海校区等高等院校，学生可以依托这些资源，做好初中—高中—大学（研究生起步）的学业生涯规划，实现自己探索宇宙的理想。

课程概况

授课课题

生涯规划体验课——走近引力波。

同构教师

参观天琴中心部分：张德智。

职业生涯规划部分：丘宇秋、邱红霞、孙巧珍、王双红。

授课时间

2019 年 11 月 26 日，2 课时。

授课地点

珠海中山大学附属中学，云教室。

教学目标

（1）课程关联目标：了解引力波与初中物理所学习的波的相同点和不同点，通过体验活动，激发对物理的学习兴趣。

（2）能力要求目标：了解初中物理中与引力波相关的知识点，通过对未知的探索，激发学习内驱力。

（3）职业展望目标：访谈科学家，获得与研究引力波相关的学业目标，增强学习动力，明确方向。

（4）活动设计目标：进入天琴中心，开展生涯体验，探索自己的职业期待与家庭职业背景的关系。

（5）职业认知目标：探究从事激光测距台站的工作需要具备的基本条件，以及如何调整学业规划的导向才有可能在未来选择与此相关的职业。

学情分析

　　初中学生正值青少年时期，毕业之后也许大部分学生会选择升学，但是该时期的青少年已开始觉察并培养某方面的兴趣，并且会慢慢以个人能力为核心，将其表现在各种与职业有关的活动上，所以生涯探索与发展等相关课题对初中学生来说是不可或缺的。

　　初二学生自我意识增强，这一阶段的主要任务是克服自我同一性危机，学生需要确认自己是一个怎样的人，包括学业和职业方面的特质。在日常教学过程中可发现，部分学生情绪消极，对未来感到迷茫，学习缺乏主动性，像"一只只被赶上架的鸭子"。如果学生能够根据个人的兴趣和能力，观察他人的职业角色，再将其与自我概念相联系，同时，教师帮助他们进一步认识自己的职业兴趣和特长优势，训练其收集信息的能力，初步选择将来可能从事的职业，好好规划未来，那么学生会有良好的收获，包括知识的积累、能力的锻炼等，为未来的发展打下扎实的基础。

教学资源

　　教学工具或材料：A4白纸、卡纸、岗位展板、多媒体设备、黑板。

教学过程

一、参观天琴中心

（一）参观前期准备

（1）确定参观项目——中山大学天琴中心。

（2）联系天琴中心的研究人员，说明参观意图。

（3）与天琴中心沟通，确定参观方案，安排参观行程。

（二）开展参观活动

（1）教师组织学生参观中山大学"天琴计划"激光测距台站。

参观激光测距台站

（2）研究人员带领师生参观，并解说"天琴计划"中各个岗位的设置。

（3）学生向研究人员提问。

师生合影

参观天琴中心展厅

（三）参观活动反思

（1）天琴中心的研究与初中基础学科息息相关。

（2）"天琴计划"中各个岗位的设置在实际招聘中有不同的条件，要达到这些招聘条件，学生需要在初中基础学科的学习中打下坚实基础。

二、生涯规划体验课

（一）课前准备

1. 教学设计与讨论

物理教师张德智、丘宇秋，道德与法治教师邱红霞，化学教师孙巧珍和心理教师王双红经过一个多月的准备和筹划，根据各学科教学特色以及学生发展特点、需求，在多次讨论、磨合、修改中完成了初中生职业生涯规划体验课的设计。

教学设计与讨论

2. 课前调研

（1）职业调查：通过问卷调查学生家庭成员的职业生涯状况。

（2）职业感受：学生了解家庭成员的相关职业，并录制采访视频。

（3）拜访专家：学生采访中山大学物理与天文学院院长涂良成教授。

采访涂良成教授

（二）教学实施阶段

1. 第一阶段：唤醒

引入课题

教师活动

引入课题

（1）介绍波的概念：你见过波吗？风波、水波、光波、气波、波浪、波峰、波谷、波涛……引力波、导弹波、电磁波、线束波……

（2）日常生活中，我们能看见波吗？

（3）上升至引力波，介绍其概念及对科学的贡献。

（4）引导学生思考：如果将来想从事与引力波有关的工作，我们需要学习什么？

学生活动

了解波的概念，思考并回答教师提出的问题，列举生活中的波。

设计意图

引导学生联系实际，唤醒学生对职业规划的兴趣。

科学家成长之路

教师活动

播放学生采访中山大学物理与天文学院院长涂良成教授有关职业生涯成长的视频。

涂教授是引力波的探测项目——"天琴计划"的实施者之一。对涂教授的访谈主要从以下方面进行：

（1）"天琴计划"的重要内容是探测引力波，探测引力波需要哪些知识储备？

（2）您的成长经历有什么特别之处？

提出问题：

（1）看完视频，你有什么收获？

（2）你有没有喜欢的学科？这些学科涉及的知识是哪些职业需要的？

学生活动

观看视频，思考并分享感受。

设计意图

通过播放科学家的采访视频，引起学生对职业规划的思考。

2. 第二阶段：感受

初感受 ——了解家庭成员的职业生涯

教师活动

提前一周向学生发放调查问卷（见学案1），指导学生完成调查并回收问卷，分析总结调查结果，初步了解学生对家庭成员职业的感受和理解。

学生活动

聆听并思考。

设计意图

学生通过课前对家庭成员职业生涯的调查，初步感受职业，体会不同职业与各专业、各学科之间的联系。

再感受 ——了解职业规划

教师活动

播放学生录制的家庭成员职业采访视频（采访内容见学案1），启发学生思考，完成学案。

提问：结合展示内容，说说表格中几项内容之间的关系，以及你对爸爸或者妈妈职业的看法。

姓名	职业	工作时间	工作强度（大或小）	薪酬	所需技能	晋升空间

学生活动

观看采访视频，小组合作完成表格并分享交流。

设计意图

通过家庭成员职业采访视频，带领学生再次了解职业规划，并引导学生正确看待不同的职业。

3. 第三阶段：展望

展望 20 年后的职业

教师活动

指导学生阅读材料，用 PPT 放映职业对比图。

提问：可能被机器（或人工智能）替代的职业有什么共同特点？

展望未来

学生活动

阅读材料《展望 20 年后的职业》，思考问题并交流分享。

畅想 20 年后我的未来

教师活动

（1）总结 20 年后职业可能发生的变化，并引导学生思考。

提问：想象一下，20 年后的你将会从事什么职业，又会拥有什么样的生活？

（2）指导学生完成给 20 年后的自己的信。

学生活动

完成学案 2，以及写给 20 年后的自己的一段话或者未来的目标。

设计意图

通过 20 年后职业的变化，创设情境让学生感受时代发展对职业需求的变化，唤醒学生不断提升能力的意识。

介绍 "天琴计划"

教师活动

（1）播放视频：《我国也即将探测引力波》。

（2）介绍"天琴计划"的相关物理概念和重大意义。

学生活动

观看视频，了解"天琴计划"的重大意义。

4. 第四阶段：体验

头脑风暴

教师活动

（1）引导学生思考"天琴计划"可能需要哪些岗位，以及应聘该岗位需要具备何种能力或条件。

（2）指导学生完成学案，选取两位学生担任模拟招聘的面试官。

头脑风暴："天琴计划"中的岗位设置

学生活动

进行头脑风暴，思考并填写岗位竞聘信息表。

设计意图

通过小组合作创设挑战情境，让学生真实演练招聘过程，在实践中感受社会竞争的真实情境。通过模拟面试，让学生在活动中掌握一定的求职技巧，激发学生培养适合职业发展的各项技能的动机，唤起学习内驱力。

角色扮演：模拟招聘会

教师活动

（1）选两位完成得又快又好的学生来担任本次模拟招聘的面试官。

（2）出谋划策，合力共赢：指导学生分小组合作准备模拟面试，讨论面试的技巧和方法。

（3）组织学生有序开展模拟面试活动。

模拟招聘会

学生活动

（1）小组讨论：推选出一名学生担任本组的应聘者，参与稍后的模拟面试，并根据面试岗位合力打造一份"黄金简历"。

（2）担任面试官和应聘者的学生根据角色需要参与面试体验，其他学生作为大众评审，根据每位应聘者的表现，投票选出最符合岗位要求的应聘者。

活动小结

教师活动

引导学生共同分析目标岗位需求的能力，归纳总结应聘"成功"以及"失败"的原因，探讨面试中应注意的问题。

学生活动

（1）面试官公布录取名单，并阐述应聘这个岗位需要具备哪些条件，以及应聘者"成功"和"失败"的原因。

（2）分享自己在活动中的感受和体会。

5. 第五阶段：总结升华

专家点评

教师活动

珠海市梅华中学副校长解瑞兴老师对本次课程进行点评，并讲述自身经历和面试实例，引发学生思考。

解瑞兴老师点评

学生活动

聆听和感悟。

分享感受

教师活动

引导学生思考，分享感受。

学生活动

分享感受和心得体会。

学生分享感受和心得体会

设计意图

让学生认识到职业规划乃至生涯规划对个人成长的重大意义，引导学生将初中阶段的学习与未来职业结合起来，激励学生把课堂感悟延伸至学习和生活。

三、活动总结

希望同学们体验完这节课后，能有意识地学习生涯规划的方法，明确自己的职业倾向，探索自我，解决发现的问题，并在将来的学习与生活中有意识地进行生涯规划。

学案设计

学案1：访谈家族成员的职业生涯

一、让我心动的职业

你对哪些职业心动呢？请根据你平时对职业的了解，填写下表。

你感觉心动并希望进一步了解的职业	
你最喜欢的科目	
与这门科目有关的职业	

二、我的家庭成员的职业

你的家庭成员从事的职业以及他们的求职经历可能会帮助你找到适合自己的职业，发现想要的生活。请将你的家庭成员从事的职业填写在横线处，并回答问题。

成员：爸爸　妈妈　伯父　伯母　叔叔　婶婶　姑姑　姑父　舅舅　舅妈……

职业：＿＿＿＿＿＿＿＿＿＿＿＿＿＿＿＿＿＿＿＿＿＿＿＿＿＿＿＿＿＿＿＿＿＿

成员：爷爷　奶奶　外公　外婆

职业：＿＿＿＿＿＿＿＿＿＿＿＿＿＿＿＿＿＿＿＿＿＿＿＿＿＿＿＿＿＿＿＿＿＿

（1）据你的观察，家庭成员从事的职业有何特点？

可从以下方面回答：男性成员从事职业的特点；女性成员从事职业的特点；进入这些行业的途径；这些行业尤其看中的能力或条件；这些职业与成员所学专业的一致程度……

（2）谁的职业最受家庭成员尊重？这份职业为什么会如此受到尊重？

（3）家庭成员中谁很喜欢自己的工作，和你谈起工作时常常一脸自豪？他（她）从事什么职业，处于什么职位？

_____

（4）若你有一天时间体验家庭中某位成员的工作和生活，你会选择谁？为什么？

_____

（5）家庭成员是如何安排学习、工作与休闲时间的？你如何看待这样的安排？

_____

（6）你的家庭成员认为职业与专业、职业与学科有什么关联？

_____

（7）调查过程中，谁最认真回答你的提问，给你提供了最多的信息？他（她）从事什么职业？

_____

（8）如果没有搜集到以上某一问题的答案，你认为主要原因是什么？

_____

三、采访家庭成员

学生选择一位家庭成员进行采访，录制视频，标注班级、姓名后发给老师，采访内容如下：

（1）您喜欢现在的工作吗？

（2）您当初是怎样得到这份工作的？（面试——面试的内容，笔试——笔试的内容，其他方式……）

（3）要胜任您现在的工作，您认为需要哪些知识和能力？

（4）您感觉工作压力大吗？还有哪些方面可以改进或者需要提升？

学案 2：畅想 20 年后我的未来

一、展望 20 年后的职业

20 年后的职业将和我们的家庭成员从事的职业有很大的不同。

以日本为例，日本经济新闻社旗下的生活信息网站 NIKKEI STYLE 分析了日本 2025 年的就业环境。据分析，到 2025 年，日本的劳动状况大体来说呈现以下局面：

1. 步入严重老龄化社会，人才不足更加显著

社会严重老龄化，不仅适龄劳动人口会减少，而且护理老人工作的离职者也将不断增加。

2. 机械开始代替人类

即使没有发展到人工智能的程度，机械化也将稳步推进。以服务业为中心，如果不从事非人类不可的工作，或成为具备他人缺少的技能的"高端"人才，就业情况或将很严峻。

3. 在医疗和福利行业一线，劳动环境或将改善

在劳动力短缺日趋严重的医疗和福利行业，人工智能的替代无法推进，或将想方设法创造易于工作的环境，例如为了获得人才而提高收入。

日本野村综合研究所的推测显示，10～20年后日本约有一半人的工作有可能被人工智能所代替。可能被人工智能所替代的职业有：财务人员、电话接线员、房地产中介、律师事务所的事务人员和秘书、医疗事务人员、银行窗口人员、收银员、保险推销员、模特等。较难被人工智能取代的职业有：小学教师、心理咨询师、人事经理、外科医生、内科医生、牙医、护士、经营者、文化机构研究人员等。

二、畅想 20 年后我的未来

你选择的行业或职业	
你的工作对象（打"√"）	人（　　　）　　物（　　　）
你的工作伙伴（打"√"）	人（　　　）　　人工智能（　　　）　　物（　　　）
你的工作环境（打"√"）	室内（　　　）　　室外（　　　）
你的工作环境打分	舒适程度（1～10分，10分最舒适）（　　　） 危险程度（1～10分，10分最危险）（　　　）
你的工作内容	
你的职位	
你的月收入（以现在的消费水平）	
你获得的行业荣誉	
你的晋升空间	
社会对你的职业的尊重和认同程度	
你的职业需要具备的能力	
你觉得现在所学的哪些科目在未来的职业中可能发挥较大的作用（打"√"，可多选）	语文（　　） 数学（　　） 英语（　　） 物理（　　） 化学（　　） 生物（　　） 历史（　　） 地理（　　） 思想政治（　　） 音乐（　　） 美术（　　） 信息技术（　　） 心理健康（　　） 体育（　　） 通用技术（　　） 其他（　　）

三、天琴中心岗位招聘会

岗位竞聘信息表

天琴中心需要招聘的岗位（只填1个）	
应聘该岗位需要具备的能力和条件	☐喜欢使用工具，动手能力强 ☐具备较强的写作能力 ☐吃苦耐劳，责任心强 ☐富有想象力和创造力 ☐拥有较强的领导和演说能力 ☐具备良好的人际交往能力 ☐做事细心，为人踏实 ☐富有探索和研究精神 ☐其他：＿＿＿＿＿＿＿＿＿＿＿
如果你是该岗位的面试官，你希望从应聘者身上获取到哪些信息？（尝试用提问的方式进行）	问题1： 问题2： 问题3：

设计意图

生涯规划体验课——走近引力波

唤醒

感受

展望

体验

触觉延伸

一、心路历程

初中阶段开展职业生涯规划教育是一个全新的尝试，这样的课程使学生对学习的意义有了新的诠释，增强了学生的学习内驱力。"走近引力波"这堂课，最初的构思是依托中山大学天琴中心的资源，组织学生参观天琴中心，了解"天琴计划"，与神秘又离自己很遥远的科学家接触，体会到踏踏实实做好每一件小事就能成就美好未来的道理。本次生涯规划体验课是照亮学生对自己未来的职业和事业的憧憬与规划的一盏灯。

二、分析总结

我们依托中山大学天琴中心的资源，组织学生采访天琴中心的科学家，学生由此惊奇地发现科学家并不神秘，他们和普通人一样，只不过他们怀揣梦想，努力前行，在探索世界的道路上不知不觉地就成了大家仰望的科学家。这样撼动中学生心灵的课程，值得师生慢慢品味。课程设计着重解决两个问题：一是唤醒学生的职业规划意识；二是让学生亲身体验和感受个人的核心素养、综合能力、努力程度等对今后职业选择的影响。

教学评价

一、教师评价

课后，珠海市教育研究院的卞红老师和指导团队专家给予了本节课一致好评。卞老师先从整体评价这是一节成功的生涯规划体验课，又指出细节之处的亮点。

例如，教师引导学生思考：谁的职业最受家庭成员尊重？这份职业为什么会如此受到尊重？依据马斯洛的需求理论，大部分学生的生理需求、安全需求、爱与归属的需求都能被满足，在此基础上，教师要唤醒学生被尊重的强烈愿望，让学生在不同情境下体验成就感和自信的感觉，并给予学生高度评价。

要实现本次课程的目标，还应做到以下几点：首先，启发每位学生思考父母的职业与他们的大学是否有关，或者与是否读过大学、读过职业学校有关。其次，看完对涂良成院长的访谈，学生必然有一些新的想法，让学生写下来。再次，在参观天琴中心的同时，引导学生认知自我，这有助于学生对未来职业产生憧憬。最后，按照马斯洛的需求理论，引导学生深入了解自我。

卞红老师评课

经过各位专家的点评，我们也发现了课程中不少可以改进和提高的地方：

（1）对科学家的采访整体不够深刻，不够贴合学生实际。如果能够事先用问卷的形式收集学生想要向科学家了解的问题，会更符合学生的实际需求。

（2）课前对学生生活经验和知识储备了解不够，以及对学生在接受新知识时的状况准备不足。可以引导学生从以下几个方面思考：①游戏里的各种波是怎么产生的？答：物质振动或者变化产生的。②哪些人在研究这些与波有关的问题？答：主要是物理学家。③引力波与日常生活中常见的波有何分别？答：与电磁波、声波等不同，引力波是物质与能量剧烈运动和变化所产生的一种物质波，是时空结构中的涟漪，就像一艘穿越平静海面的船在其后留下丝丝尾迹一样，宇宙中移动的"飞船"也会产生引力波。不同的是，产生引力波的"飞船"是质量极其巨大的物体，所引发的事件要剧烈得多，如黑洞合并、中子星碰撞、超新星爆炸等。

（3）由于没有对学生进行专业指导，学生制作的视频比较粗糙。

（4）在引导学生思考可能被机器（或人工智能）替代的职业这个教学环节中，没有充分发挥学生小组合作讨论的功能，导致学生只能联想到身边看过或听说过的职业。

（5）学生对体验式课堂的学习模式较生疏，若要把体验部分完全交给学生，则需要教师的培训和指导。教师应课前引导学生积极探索职业，多组织学生搜集网络资料，给学生充足的时间在天琴中心沉浸式体验，带领学生到科普场所了解宇宙深空探索的最新发现，使他们有所思、有所感、有所获。

二、学生评价

学生甲：涂院长小时候家庭贫困，就读学校的环境不是特别好，其中能考上高中的人也非常少，但是他能坚持学习并取得现在的成就，说明一个人成功与否与家庭是否富有、就读学校环境的好坏没有太大关系。

学生乙：工作收入与工作时长、工作强度可能不成正比。比如，企业老板从表面上看挣钱很容易，实际上他背后要付出很多，要学习很多知识、承受各种挫折、积极尝试创新，才最终获得成功，所以，一个人的成功不是偶然的，而是勤奋努力的结果。

学生丙：看到涂院长在艰苦的生活环境中坚持学习，取得辉煌成就，我的感触很深。我们生活在幸福的环境中，应有自己的理想和追求，中学生可以从现在开始，认真学习、脚踏实地，为实现理想付出十倍、百倍的努力。

学生分享感受

基于物理学科的生涯规划主题讲座
——高一物理选科分科指导讲座

孙鸿飞

教师风采

孙鸿飞　北京师范大学（珠海）附属高级中学教师，研究生学历，高级教师，现任北京师范大学（珠海）附属中学高二年级主任，珠海市高中物理命题中心组成员，珠海市高中物理生涯规划协会会长，广东省高中物理学科教研基地项目负责人，曾2次担任珠海市物理名师工作室核心成员。曾获省教育教学成果二等奖及各类教学比赛奖项10余项，发表论文10余篇。共参加9项课题研究，其中国家级课题2项：省级课题4项、市级课题2项，其中6项已结题，3项为主持课题。

教学蓝图

（1）学生通过自我认知和职业认知初步了解自己的选科方向。

（2）学生根据霍兰德职业兴趣测试结果，初步判断自己的兴趣导向。

（3）向学生介绍物理学专业与相关职业，以及部分本科及研究生阶段的物理学课程，让学生对物理学有直观的了解。

（4）向学生讲解物理对学业水平的几点要求，让学生认识到自己是否适合学物理。

课程概况

授课课题

基于物理学科的生涯规划主题讲座——高一物理选科分科指导讲座。

授课时间

2021 年 1 月 8 日，1 课时。

授课地点

北京师范大学（珠海）附属高级中学，大礼堂。

教学目标

本次讲座将从选科组合的数据、霍兰德职业兴趣测试、物理学专业、大学物理学课程介绍、物理学科的能力要求等方面给予学生全面的选科指导，让学生明确自己的学科特点，做出理性、科学的学科选择，为职业规划做好准备。

学情分析

国家根据"统筹规划、试点先行、分步实施、有序推进"的原则，2014 年将上海、浙江作为第一批试点省市，2017 年将北京、天津、山东、海南作为第二批试点省市，分别启动高考综合改革。2019 年，广东、河北、辽宁、江苏、福建、湖南、湖北、重庆八个省市成为第三批启动高考综合改革的省份。新高考方案从 2018 年秋季入学的高中一年级学生开始实施，2021 年按新方案安排考试和招生录取。

广东省从 2021 年开始实行"3+1+2"模式的新高考，至今已经有三年了，学生一入高中校门就面临选考科目的重大选择，选考科目要对应将来大学学习的专业，这原本是高三毕业时才会考虑的专业选择。职业方向的决定提前到高一，这意味着学生必须规划好三年的学习生活，这对高中生的职业生涯规划能力提出了更高的要求。因此，高中生需要认清自我，通过生涯测试和自我评估，客观分析自身的优势和劣势，尽早规划好自己的职业生涯，根据现实情况的变化不断调整职业生涯发展规划。

教学资源

多媒体 PPT 课件、LED 大屏幕。

教学过程

一、物理学科的重要意义

为什么要实行"3+1+2"的高考模式？因为高校、普通高中和学科专家普遍认为，在高校人才培养中，物理是自然科学类专业的基础性学科，历史是人文社会科学类专业的基础性学科。高中阶段学习物理或历史科目是大学阶段学习自然科学类专业或人文社会科学类专业及其他交叉学科专业的重要基础。将这两个科目作为限选科目，能为大学的专业学习奠定扎实的基础，有利于高校相关专业对学生的培养。

二、学生的自我认知（SWOT 分析法的应用）

SWOT 是一种战略分析方法，通过综合评估被分析对象的优势（strengths）、劣势（weaknesses）、机会（opportunities）和威胁（threats），得出结论，通过内部资源、外部环境的有机结合来明确被分析对象的优势和劣势，了解其所面临的机会和威胁，从而在战略与战术两个层面调整方法、资源，保障被分析对象达到目标。

学生在选科时可以通过列举自身的优势和劣势、机会和威胁，形成对自我的初步认知。

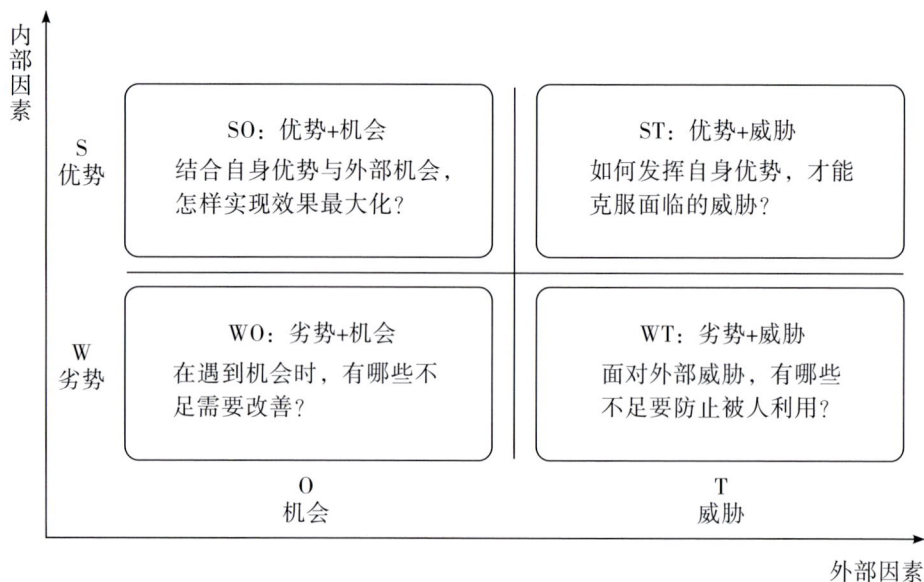

SWOT 分析法

三、霍兰德职业兴趣测试介绍

1. 霍兰德职业兴趣测试的意义

兴趣是选择职业的重要依据，霍兰德职业兴趣测试适合高中生，学生可以根据测试结果确定自己的兴趣爱好，获得选择大学专业的参考。目前很多高中都使用霍兰德职业兴趣测试指导学生进行职业规划。

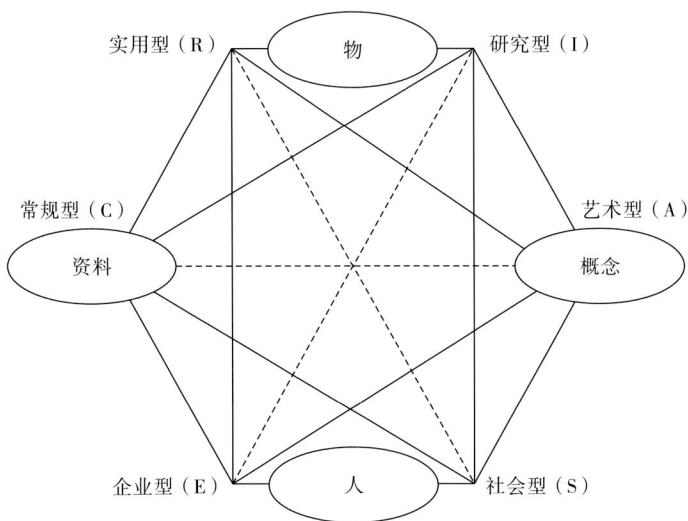

霍兰德人格六角模型

2. 霍兰德职业兴趣测试的六种类型

（1）社会型（S）。

共同特征：喜欢与人交往，不断结交新的朋友，善言谈，愿意教导别人。关心社会问题、渴望发挥自己的社会作用。寻求广泛的人际关系，比较看重社会义务和社会道德。

典型职业：喜欢与人打交道的工作，乐于从事信息提供、启迪、服务、培训、开发或治疗等事务，并具备相应能力。如：教育工作者（教师、教育行政人员），社会工作者（咨询人员、公关人员）。

（2）企业型（E）。

共同特征：追求权力、权威和物质财富，具有领导才能。喜欢竞争，敢冒风险，有野心、抱负。为人务实，习惯以利益得失、权利、地位、金钱等来衡量工作的价值，做事有较强的目的性。

典型职业：喜欢要求具备经营、管理、劝服、监督和领导才能的职业，乐于实现机构、政治、社会及经济目标，并具备相应能力。如：项目经理、销售人员、营销管理人员、政府官员、企业领导、法官、律师。

（3）常规型（C）。

共同特点：尊重权威和规章制度，喜欢按计划办事，细心、有条理，习惯接受他人的指挥和领导，不谋求领导职务。乐于关注实际和细节情况，通常较为谨慎和保守，缺乏创造性，不喜欢冒险和竞争，富有自我牺牲精神。

典型职业：喜欢要求注意细节、精确度、有条理的工作，乐于记录、归档、据特定要求或程序组织数据和文字信息，并具备相应能力。如：秘书、办公室人员、记事员、会计、行政助理、图书馆管理员、出纳员、打字员、投资分析员。

（4）实用型（R）。

共同特点：愿意使用工具从事操作性工作，动手能力强，协同性较好。乐于完成具体任务，不善言辞，做事保守，较为谦虚。缺乏社交能力，通常喜欢独立做事。

典型职业：喜欢使用工具、机器，对要求具备机械方面才能、基本操作技能、体力的职业感兴趣，乐于从事与物件、运动器材、植物、动物相关的工作，并具备相应能力。如：计算机硬件人员、摄影师、制图员、机械装配工、木匠、厨师、技工、修理工、农民。

（5）研究型（I）。

共同特点：思想家而非实干家，抽象思维能力强，求知欲强，肯动脑，善思考，不愿动手。喜欢独立而富有创造性的工作。知识渊博，有学识才能，不善于领导他人。理性考虑问题，做事讲求精确，喜欢逻辑分析和推理，不断探讨未知的领域。

典型职业：乐于完成智力的、抽象的、分析的、独立的定向任务，喜欢要求具备智力或分析才能，并将其用于观察、估测、衡量、形成理论、最终解决问题的工作，并具备相应能力。如：科学研究人员、教师、工程师、电脑编程人员、医生、系统分析员。

（6）艺术型（A）。

共同特点：有创造力，乐于创造新颖、与众不同的成果，渴望表现自己的个性，实现自身的价值。做事理想化，追求完美，不重实际。具有一定的艺术才能和个性，善于表达、怀旧，心态较为复杂。

典型职业：喜欢要求具备艺术修养、创造力、表达能力和直觉，并将其用于语言、行为、声音、颜色、形式的审美、思索和感受的职业，并具备相应能力。不善于从事事务性工作。如：艺术方面（演员、导演、艺术设计师、雕刻家、建筑师、摄影师、广告制作人），音乐方面（歌唱家、作曲家、乐队指挥），文学方面（小说家、诗人、剧作家）。

3. 数据分析

下表是从选择物理组合的学生中统计的数据，可以看出研究型（I）、社会型（S）和实用型（R）的分数都较高，而艺术型（A）的分数明显偏低，这显示了该测试的科学性和合理性。

霍兰德职业兴趣测试结果

姓名	R 分数	I 分数	A 分数	S 分数	E 分数	C 分数
张 ×	27	44	3	23	29	13
肖 ×	36	34	21	32	23	18
曾 ×	14	31	4	15	11	8
吕 ×	3	30	6	13	27	15

（续上表）

姓名	R 分数	I 分数	A 分数	S 分数	E 分数	C 分数
姜 ×	21	28	28	29	22	29
黄 ×	14	27	18	24	23	13
郑 ×	23	27	19	26	28	26
杨 ×	18	26	11	20	11	15
周 ×	10	26	4	31	22	9
张 ×	13	25	11	22	14	12
周 ×	23	25	12	16	20	9
刘 ×	17	24	4	23	21	13
付 ×	20	22	10	24	20	12
游 ×	12	21	9	24	10	8
张 ×	15	21	19	26	13	16

四、物理专业的指导与职业介绍

教育部要求这 19 类专业必考物理 ①

学科门类	本科专业类	内设专业
理学	数学类	数学与应用数学，信息与计算科学，数理基础科学
	物理学类	物理学，应用物理学，核物理学，声学
	天文学类	天文学
	大气科学类	大气科学，应用气象学
	地球物理学类	地球物理学，空间科学与技术
工学	力学类	理论与应用力学，工程力学
	机械类	机械工程，机械设计制造及其自动化，材料成型及控制工程，机械电子工程，工业设计，过程装备与控制工程，车辆工程，汽车服务工程，机械工艺技术，微机电系统工程，机电技术教育，汽车维修工程教育
	仪器类	测控技术与仪器
	电气类	电气工程及其自动化，智能电网信息工程，光源与照明，电气工程与智能控制，电机电器智能化，电缆工程

① 普通高校本科招生专业选考科目要求指引（试行）［S］. 教育部办公厅，2018.

（续上表）

学科门类	本科专业类	内设专业
工学	电子信息类	电子信息工程，电子科学与技术，通信工程，微电子科学与工程，光电信息科学与工程，信息工程，广播电视工程，水声工程，电子封装技术，集成电路设计与集成系统，医学信息工程，电磁场与无线技术，电波传播与天线，电子信息科学与技术，电信工程及管理，应用电子技术教育
	自动化类	自动化，轨道交通信号与控制，机器人工程，邮政工程
	计算机类	计算机科学与技术，软件工程，网络工程，信息安全，物联网工程，数字媒体技术，智能科学与技术，空间信息与数字技术，电子与计算机工程，数据科学与大数据技术，网络空间安全，新媒体技术，电影制作
	土木类	土木工程，建筑环境与能源应用工程，给排水科学与工程，建筑电气与智能化，城市地下空间工程，道路桥梁与渡河工程，铁道工程
	海洋工程类	船舶与海洋工程，海洋工程与技术，海洋资源开发技术
	航空航天类	航空航天工程，飞行器设计与工程，飞行器制造工程，飞行器动力工程，飞行器环境与生命保障工程，飞行器质量与可靠性，飞行器适航技术，飞行器控制与信息工程，无人驾驶航空器系统工程
	兵器类	武器系统与工程，武器发射工程，探测制导与控制技术，弹药工程与爆炸技术，特种能源技术与工程，装甲车辆工程，信息对抗技术
	核工程类	核工程与核技术，辐射防护与核安全，工程物理，核化工与核燃料工程
	安全科学与工程类	安全工程
管理学	管理科学与工程类	管理科学，信息管理与信息系统，工程管理，房地产开发与管理，工程造价，保密管理，邮政管理

五、选择物理方向可选的大学专业

物理学对信息技术、新材料技术、新能源技术、航空航天技术、生物技术等的研究与发展有重要作用，想在未来从事相关行业，就必须学好物理。

物理方向可选专业

六、大学物理专业课程设置

1. 大学本科物理师范类专业课程表

大学本科物理师范类专业课程表

课程类别	课程名称	学分	总学时	理论教学	实践教学	考核方式	开课学期及周学时								开课单位
							一	二	三	四	五	六	七	八	
学科基础必修课程	高等数学 A1	3.5	66	66		E	5								数学系
	高等数学 A2	4	72	72		E		4							数学系
	☆力学	3.5	66	66		E		4							电子系
	☆热学	2.5	51	51		E			3						电子系
	电磁学	3.5	66	66		E			4						电子系
	光学	3	60	60		E				4					电子系
	合计	20	381	381	0		5	8	7	4	0	0	0	0	
专业主干必修课程	理论力学	2.5	51	51		E					3				电子系
	热力学与统计物理学	2.5	51	51		E						3			电子系
	电动力学	2.5	51	51		E						3			电子系
	☆量子力学	2.5	51	51		E						3			电子系
	合计	10	204	204	0		0	0	0	0	3	9	0	0	
博雅限选课程	选修人文社科类课程不得少于 4 学分；综合素质系列不得少于 2 学分														
	人文社科系列	4	64			T		2	2						
	综合素质系列	2													
	合计	6	64					2	2						

（续上表）

课程类别	课程名称	学分	总学时	理论教学	实践教学	考核方式	开课学期及周学时								开课单位
							一	二	三	四	五	六	七	八	
专业限选课程	机械制图	2	32	32		E	2								电子系
	专业英语	2	36	36		E		2							电子系
	电工学	3	65	51	14	E		4							电子系
	数学物理方法	4	72	72		E			4						电子系
	电子线路（模拟电路）	3.5	80	64	16	E			4						电子系
	电子线路（数字电路）	3	68	56	12	E				4					电子系
	☆近代物理学	3	60	60		E				4					电子系
	固体物理	2	36	36		T					2				电子系
合计		22.5	449	407	42		2	6	8	8	2				
	开设课程中任意选修5学分														
专业任选课程	大众高科技	2	36			T		2							电子系
	物理学方法	2	36			T		2							电子系
	计算机仿真	2.5	48	28	20	T			3						电子系
	传感技术	2	36	28	8	T			2						电子系
	物理前沿介绍	2	36			T			2						电子系
	电子测量仪器	3	51	39	12	T			3						电子系
	物理学史	1	18			T			1						电子系
	◎单片机原理与应用	3	64	48	16	T				4					电子系
	激光基础	2	36			T				2					电子系
	材料物理	2	36			T				2					电子系
	LED及其应用技术	2	36			T					4				电子系
	◎电气照明技术	2	36			T					2				电子系
	◎电子陶瓷设计	2	36			T					2				电子系
	物理化学	2	36			T					2				电子系
	群论	3	51			T					3				电子系
	高等量子力学	3	51			T					3				电子系
	教育测量与评价	2	36			T					2				电子系
	电视技术	3	54	46	8	T					3				电子系

2. 研究生凝聚态物理专业课程表

研究生凝聚态物理专业课程表

课程类别	课程名称	总学时	学分	开课学期	开课单位	考核方式
选修课	计算物理谱方法	40	2	2	物理系	考试或考查
	功能材料原理与技术	40	2	1	物理系	考试或考查
	超高真空科学与技术	40	2	2	物理系	考试或考查
	纳米电子技术	40	2	2	物理系	考试或考查
	薄膜原理与技术	40	2	2	物理系	考试或考查
	发光与显示技术	40	2	2	物理系	考试或考查
	蒙特卡罗方法	40	2	1	物理系	考试或考查
	教学实践	8	1	3		
	学科前沿讲座	30	1			
公共学位课	基础英语	80	4		外语中心	考试或考查
	科学社会主义理论与实践	36	1		社科部	考试或考查
	哲学（文经管）	54	2		社科部	考试或考查
	自然辩证法（理工医）	54	2		社科部	考试或考查
	通识教育 I（境外生）	40	2		社科部	考试或考查
	专业英语	40	1		物理系	考试或考查
专业学位课	高等量子力学	60	3	1	物理系	考试或考查
	凝聚态物理导论	60	3	1	物理系	考试或考查
	数值计算方法	60	3	1	物理系	考试或考查
	现代物理实验方法	60	3	2	物理系	考试或考查
专业选修课	统计力学	40	2	1	物理系	考试或考查
	固体理论	40	2	2	物理系	考试或考查
	量子光学	40	2	2	物理系	考试或考查
	数学模型与计算机模拟	40	2	2	物理系	考试或考查

七、选择物理对学生能力的要求

（1）学习能力，包括记忆能力和利用网络等工具有效学习的能力。

（2）思维能力，包括独立思考和批判精神。

（3）观察能力，包括物理实验中的观察分析，分析和处理实验数据的能力。

（4）表达能力，包括书面表达和口头表达能力。

（5）协作能力，包括处理集体与个体的关系、找准角色定位的能力。

（6）心理能力，包括对学习物理的困难的适应能力和承受能力。

教学评价

这是针对即将面临"3+1+2"高考模式下选科分科的高一年级学生的讲座，学生结合自我认知和职业认知，根据霍兰德职业兴趣测试的结果，对选择物理学科应关注的内容有了较为全面的认识。如果学生对与物理相关的某些职业感兴趣，则有必要引导其做进一步的调查，或组织模拟职场的体验活动来增强其认知。本次讲座的模式还可扩展到历史、化学、生物、地理、政治各学科，让学生得到更为全面系统的指导，提升选科的合理性和科学性。

参考文献

［1］张惠玲. 在高中物理教学中开展有效研究性学习的实践研究［J］. 物理教师，2016，37（10）：10-12.

［2］王刚. 高中物理教学中探究性学习模式的运用探讨［J］. 学周刊，2019（15）：54.

［3］徐克广. 探讨新课程改革下的高中物理教学［J］. 课程教育研究，2019（13）：169-170.

［4］陈志明. 体现STEM理念的高中物理教学研究与实践［J］. 物理教学，2019，41（3）：5，6-8.

［5］百度文库. 霍兰德职业兴趣测试题［EB/OL］. http://wenku.baidu.com/view/75dde8aab0717fd5360cdc2a.html.

［6］豆丁网. 霍兰德职业兴趣测试题（90道题）［EB/OL］. http://www.docin.com/p-1380798274.html.

生涯规划家长课

朱玉柱

教师风采

朱玉柱 珠海市斗门区第一中学教师，毕业于华中师范大学物理科学与技术学院，研究生学历。两篇科研论文分别发表于美国《物理评论》和《中国物理快报》，参与多个课题研究。多篇论文发表于《教师》《新课程导学》等。工作期间，获珠海市优秀党员、珠海市优秀教师、斗门区名师培养对象、校模范班主任等称号，教学课例获广东省一等奖及国家教育部优课称号，参编《高中物理复习教学方法策略与案例研究》。

教学蓝图

（1）充分发挥家长在生涯教育中的作用。

（2）完善学校生涯教育课程的内容和形式。

（3）帮助学生了解职业特征及其与专业的关系。

（4）引导学生进行生涯规划，辅助学生选科。

课程概况

授课课题

生涯规划家长课。

同构教师

22 位家长讲师。

授课时间

2018 年 11 月 24 日上午 10：00–11：30。

授课地点

珠海市斗门区第一中学。

教学目标

2018 年是广东省高考招生制度改革的第一年。本次改革的主要内容为高考科目的自主选择及科目的多样化。高一学生需要根据自身兴趣特长和拟报考学校及专业的要求，在物理、历史 2 门学科中任选 1 科，在化学、生物、思想政治、地理 4 门学科中任选 2 科作为高考选考科目。为使学生在个性化的基础上实现多元发展，更好地进行高中学科与高校专业的对接，在高中阶段为学生提供人生职业规划的指导就成为新高考制度下学校实施教育教学管理的重要环节。

（1）教师在学校开设生涯规划课，重在意识和方法方面的引导；家长讲师团开展生涯规划课，重在职业特征和专业关系方面的普及。

（2）充分利用家长的优势，举办职业宣讲会并开展体验活动，对家长们进行职业生涯访谈，同时家长们分享职业理想，与学生互动，实现家长资源共享，充分发挥家长在生涯教育中的作用。

（3）分阶段合理安排，高一第一学期主要以通识通讲的方式开课，第二学期重在专业选择及排课，高二实行走班上课模式。

（4）后期逐步安排职场实践和模拟招聘活动。

学情分析

一是高考招生制度改革的倒逼：2018 年广东省跟进新一轮高考改革，高考新政策增加了学生的自主选择性，由文、理 2 种组合，变成"3+1+2"的 12 种组合。我们开设旨在帮助学生幸福成长的生涯规划课程，让学生早接触、早规划、早体验，努力为每个学生创造适合自我发展的教育环境。国家政策与学校做法需要得到所有学生家长的配合，所以我们酝酿开设生涯规划的家长课。

二是为学生终身发展奠基：教育者有责任帮助学生看清未来的路，让他们明白生涯规划的字典里没有"废柴"，只有选错方向、入错行的人才。让每一名学生去想去的地方、做喜欢的事情，是生涯规划教育的目标。学生的发展是从家庭教育出发的，每一位家长都是第一任教师，所以学生的成长过程需要家长的介入。

教学资源

宣传海报、PPT。

教学过程

课前准备

（1）星光大道：学校为每一位家长讲师制作精美的宣传海报，活动当天摆放在学校宣传广场。激发家长讲师和学生的参与热情，增强活动的效果。

（2）合影留念：家长讲师到校后与自己的海报合影留念。

家长讲师合影留念

（3）课前动员：学校领导和年级主任组织家长讲师在会议室进行课前动员，强调授课注意事项，鼓励家长讲师充分发挥自己的水平。家长讲师通过课前的沟通，缓解了紧张的情绪，进入最佳状态。

课前动员

（4）分班级开展讲座：各班班主任引导家长讲师前往相应班级，班主任主持并简要介绍家长讲师，随后讲座正式开始。

讲座片段

家长讲座以《以梦为马　不负韶华》为例，授课要求如下：

（1）关于课程内容。为了与学校的教师课程相区别，生涯规划家长课重在职业介绍，如职业特征介绍、社会发展与职业前景分析、职业与高校相关专业对口介绍、职业对学生主要能力要求介绍、实例分析等。讲座主题可选择：①我的职业之路；②人生与反思；

③从自身工作经验谈孩子们应具备的素质；④我的学生时代；⑤我的家庭与我对孩子的职业期待；⑥结合我的职业生涯谈时代发展与孩子们的职业选择。注意避免变为单纯的专业知识讲座，应将与职业有关的知识融汇于故事之中，吸引学生的注意力，避免枯燥乏味。授课内容可根据本人的职业选择，既可以包含"高大上"的专业课程、"短平快"的生活教育，也可以是接地气的职业技能教育。每位讲师必须精心备课，设计好课件并提交给学校，学校将其宝贵的课程资源保存。课程教学形式应丰富多彩，有条件的家长可带领学生参与社会实践。

（2）表述清晰，尽量使用普通话。内容积极向上，符合国家相关政策法规。

（3）有针对性，符合高中生年龄心理特征。

个人经历

教师活动

讲述自己的成长故事，回忆职业发展的经历。

学生活动

听讲、思考。

设计意图

通过自己的成长经历，让学生明白高中驱动大学、专业驱动职业、选择驱动人生。

个人感悟

教师活动

分析人生中的几个关键节点，引导学生把握时间。指导学生如何做出正确的选择，在成长的过程中调整和完善选择。要求学生明确目标、脚踏实地，并给出具体做法。

学生活动

听讲、提问、讨论。

设计意图

阐述两个道理：①做到熟练、精通，质量和效率就会随之而来；②犯错越少，越能最大限度地接近成功。

成长与总结

教师活动

将自己的经历提炼成职场经验。

学生活动

思考，总结。

设计意图

青春是用来奋斗的，奋斗过的青春最值得回味。鼓励学生以梦为马，不负韶华，选择越来越好的人生。

触觉延伸

一、心路历程

（1）学校针对深化课程改革、建设特色学校推出创新举措。2018年开始的广东省课改，核心理念是每一位学生在共同基础上有个性地发展，即选择性教育理念。因此，让学生学会选择并能为自己的选择不懈努力，是学校教育的重要内容。家校携手，创新教育课程内容和形式势在必行。

（2）充分发挥家长在学校教育中不可替代的作用。学生的成长离不开学校的教育，也离不开家长的教育。家长来自不同的社会领域，有着不同的人生经历，请家长走进课堂是学校践行开放办学理念和全面提升学校办学质量的必然要求。

（3）为学校课程体系、教学内容、教育形式和途径引入源头活水。家长各具特色的多彩课程，让学生享受到更为广阔的生活教育，让每一位学生的梦想更加精彩，从而进一步激发学生发展的内驱力，让每一个生命都灿烂绽放。

二、分析总结

（1）活动达到预期效果，家长的成长故事让学生初步了解相关行业的特点以及奋斗过程中的困难，明确从事相关行业应具备的专业素质和知识储备。

（2）实现家校共育更深层次的交流。

（3）获得良好社会反响，《珠海特区报》和斗门电视台报道了活动的开展情况。

教学评价

一、教师评价

由于传统体制将学生职责定位在"学业""专业"以及"就业"方面，学生严重缺乏感性认识，也就无法在专业发展以及职业规划方面作出理性选择。分工的高度专业化是现代社会的基本特征之一，任何职业都有非常强的专业性。教师作为引导学生规划职业生涯的主体，在"学业"方面能为学生提供专业指导，但是在高校的"专业"以及社会的"就业"两个领域缺乏必要的专业背景。广大家长来自社会的各行各业，都有非常难忘的就职经历以及从业经验。社会的高度专业化和信息化为开放办学提供了可行性。现代教育要求学校必须打破无形的边界，动用一切教育资源开放办学已经成为潮流。因此，我校聘请家长成立"斗门一中生涯规划家长讲师团"，共同开发"斗门一中学生生涯规划家长课"，促使学生形成"学业—专业—就业"的立体概念。

二、学生评价

家长讲座涉及的职业丰富多样，我们可以根据自己的爱好选择。通过家长讲师的讲述，我们了解到家长在职业发展道路上的努力，更加理解父母工作的艰辛。同时，我们也对自己喜欢的职业加深了理解，清楚干好每个职业都需要特定的知识和技能，对未来的职业和目标有了初步的框架，这对我们选科有很好的指导作用。

参考文献

［1］杨云龙，邱泽生，姜延丰．浅谈高中职业生涯规划教育新路径［J］．南方农机，2021，52（3）：129-130，136.

［2］娄俊颖．基于生涯学习经验的高中职业生涯规划选修课程的实施与思考［J］．现代教育，2021（6）：56-59.

［3］毛涵琪．新高考背景下高中职业生涯规划课程设计［J］．文教资料，2021（7）：227-229.

高一学生物理选科指导讲座

黄海宁　方小宁

教师风采

黄海宁　珠海市第一中学教师，高中物理一级教师。自制教具开展的"轻绳'活结'模型的动态演示实验"获广东省中学物理实验创新成果一等奖；课例《力矩的平衡条件》获广东省"一师一优课，一课一名师"省级"优课"称号；珠海市第一中学第五届青年教师课堂教学大赛理科组第一名。主编书籍《初高中衔接教程·物理》。

方小宁　珠海市第一中学教师，中学物理高级教师，任教 30 多年，任班主任 10 多年。曾获全国青年教师物理教学大赛一等奖，广东省青年教师物理教学大赛一等奖，珠海市物理创新教学大赛特等奖，指导培养青年教师多人，主持和参与多项课题研究。

教学蓝图

（1）注重指导实效。加强对学生理想、心理、学习、生活、生涯规划等方面的指导。

（2）帮助学生树立正确的理想信念、正确认识自我，更好地适应高中学习生活。

（3）引导学生处理好个人兴趣特长与国家和社会需要的关系。

（4）提高学生对选修课程、选考科目、报考专业和未来发展方向的自主选择能力。

课程概况

授课课题

高一学生物理选科指导讲座。

同构教师

黄海宁、方小宁。

授课地点

珠海市第一中学，报告厅。

讲座观众席

教学目标

（1）了解新高考选科政策。

（2）了解高校招生专业信息。

（3）选考物理的优势——从职业生涯和发展角度探讨"为什么要选考物理"。

（4）学习物理的终极意义——探索自然奥秘，研究自然规律的意义所在。

学情分析

广东省新高考方案从2018年秋季入学的高一学生开始实施，2021年的高考按新高考方案考试和录取。高一学生面对新高考，应了解高考在政策上有哪些具体变化，现阶段面临分班应该如何选科——学生急需全面而系统的指导和分析。

教学资源

PPT课件，视频。

教学过程

新高考选科政策研究

教师活动

1. 科目组合：必选科目＋首选科目＋再选科目

必选科目为语文、数学、外语，首选科目要求从物理、历史2门科目中确定，再选科目要求从思想政治、地理、化学、生物4门科目中确定。

2. 成绩计算

（1）原始分。统一高考的语文、数学、外语3门科目，每科满分均为150分，总分450分，各科均以原始成绩计入考生总成绩；考生从物理、历史中选择的1门科目，满分为100分，以原始成绩计入考生总成绩。

（2）等级赋分。考生从思想政治、地理、化学、生物中选择的2门科目，每科满分均为100分，以等级赋分成绩计入考生总成绩。

3. 高校专业对选科的要求

根据《2021年拟在广东省招生普通高校专业（类）选考科目要求》（以下简称《选科要求》），高校专业（类）选考科目要求分为"首选科目要求"和"再选科目要求"。"首选科目要求"包括"仅物理""仅历史""物理或历史均可"。

（1）"仅物理"，表示首选科目为物理的考生才可报考，且相关专业（类）只在物理类别下安排招生计划。

（2）"仅历史"，表示首选科目为历史的考生才可报考，且相关专业（类）只在历史类别下安排招生计划。

（3）"物理或历史均可"，表示首选科目为物理或历史的考生均可报考，且高校要统筹相关专业（类）在物理、历史类别下分别安排招生计划。

"再选科目要求"包括选择1科、2科或"不提再选科目要求"。

（1）选择1科的，表示考生必须选考该科目方可报考。

（2）选择2科的，有两种关系：一种为"或"的关系，即"考生选考其中1门即可报考"；另一种为"和"的关系，即"考生均须选考方可报考"。

（3）选择"不提再选科目要求"的，表示考生符合高校提出的首选科目要求即可报考。

中山大学 2021 年分专业招生计划（广东）

普通类（计划 3 587 名）				
专业名称	计划数	科类	选考科目要求	特色优势
历史学类（广州，人文实验班）	133	历史类	无	★ ★ ○ ※
外国语言文学类（卓越人才计划）	99	历史类	无	★
法学类（广州，社科实验班）	146	历史类	无	★ ○ ※
历史学类（珠海，新文科实验班）	133	历史类	无	★ ★ ○ ※
经济学类（经管实验班）	143	历史类	无	★ ★ ○ ※
经济学类（经管实验班）	286	物理类	无	★ ★ ○ ※
数学类（数学实验班）	139	物理类	无	★ ★ ○ ※
计算机类（广州，大数据实验班）	266	物理类	无	★ ★ ※
计算机类（珠海，智能实验班）	386	物理类	无	★ ★ ※
计算机类（深圳，新工科实验班）	499	物理类	无	★ ★ ※
物理学类（物理实验班）	319	物理类	无	★ ○ ※
生物科学类（广州，理工实验班）	433	物理类	化学或生物	★ ★ ○ ※
临床医学（八年制）	30	物理类	化学和生物	★ ★ ○ ※
临床医学类（深圳，新医科实验班）	249	物理类	化学和生物	★ ★ ○ ※
临床医学类（广州，医学实验班）	326	物理类	化学和生物	★ ★ ○ ※
高校专项（计划 17 名）				
生物医学工程类（深圳，生医工实验班）	7	物理类	化学或生物	★ ★ ○ ※
海洋科学类（珠海，大海洋实验班）	10	物理类	无	★ ★ ○ ※

注：★表示国家一流专业，★表示国家"双一流"建设学科，○表示 A 类学科，※ 表示软科世界一流学科上榜学科。

学 生 活 动

做笔记。

设 计 意 图

帮助学生了解新高考政策。

高中物理学习内容

教师活动

通过最新版的《普通高中物理课程标准》了解高中物理学科的知识内容：

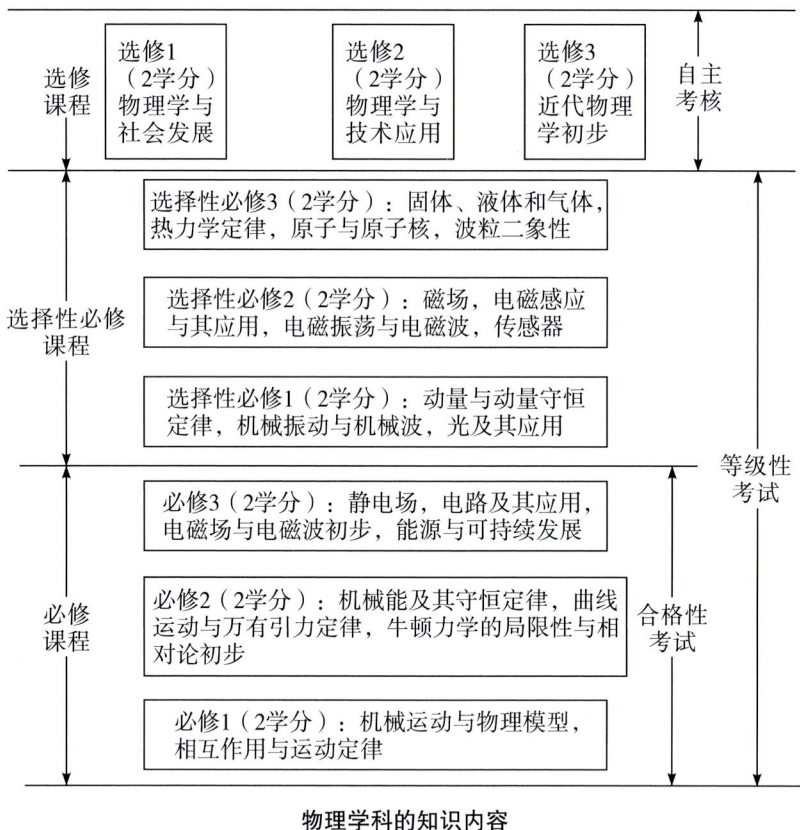

| 选修
课程 | 选修1
（2学分）
物理学与
社会发展 | 选修2
（2学分）
物理学与
技术应用 | 选修3
（2学分）
近代物理
学初步 | 自主
考核 |

| 选择性必修
课程 | 选择性必修3（2学分）：固体、液体和气体，
热力学定律，原子与原子核，波粒二象性

选择性必修2（2学分）：磁场，电磁感应
与其应用，电磁振荡与电磁波，传感器

选择性必修1（2学分）：动量与动量守恒
定律，机械振动与机械波，光及其应用 | 等级性
考试 |

| 必修
课程 | 必修3（2学分）：静电场，电路及其应用，
电磁场与电磁波初步，能源与可持续发展

必修2（2学分）：机械能及其守恒定律，曲线
运动与万有引力定律，牛顿力学的局限性与相
对论初步

必修1（2学分）：机械运动与物理模型，
相互作用与运动定律 | 合格性
考试 |

物理学科的知识内容

可以看到，在新高考模式下，物理学习内容有增无减，并且物理作为新高考"3+1+2"模式的核心选科，将以原始分计入高考总分，更是考生分分必争的科目，考试压力和选拔性更为突出。

学生活动

针对高中物理学科的知识内容提问。

设计意图

帮助学生了解高中物理学科的知识内容。

高一学生选考物理必备的学科素养

教师活动

建议具备以下学科素养的同学选报物理：

（1）热爱物理，对物理有兴趣。

（2）具备较强的逻辑思维和理科思维。

（3）数学基础功底扎实。

（4）高一学生应当熟练掌握物理必修第一册的受力分析和牛顿运动定律的应用。

（5）要细心耐心，不畏难题。

学生活动

根据自身对高一物理学习的困惑提问。

设计意图

帮助高一学生了解选考物理应具备的学科素养。

为什么要选考物理？ ——国家的引导

教师活动

（1）教育部发布的《普通高校本科招生专业选考科目要求指引》（以下简称《指引》），对每个具体专业设置了"可选科目"和"选考要求"。这份《指引》应该是当前新高考形势下的官方指南，《指引》中共有 19 个专业类必考物理，占总专业类数的 20.4%。必考物理的 19 个专业类分别来自理学（5 个）、工学（13 个）、管理学（1 个）。这 19 个专业还只是《指引》划定的一条底线，各高校在制定选考科目要求时，将有更多的专业类被限定为必考物理，尤其是高水平大学和高水平专业。

学生如果选考物理，即便分数比其他考生低，但是由于可选专业和院校的覆盖面更广，也可以去更好的高校和更好的理工科专业。

（2）根据广东省招生委员会网站公布的《2021 年在粤招生本科高校选考科目要求（3+1+2 模式）》的解读，我们可以知道：

①不选物理出路窄。

985 大学中单限物理（即必须选考物理）的专业大类共 613 个，占 985 大学全部 1 376 个专业类别的 44.5%，位列第一，且超过了不限科目的专业数量。这里统计的是专业大类，众所周知，工科专业大类下的小专业明显更多，若统计小专业，这个比例肯定会更高。

更值得注意的是，各大名校的理学、工学相关专业几乎全部单限物理，理工科名校如清华大学、浙江大学、上海交通大学等单限物理的专业数量都在80%以上，中国科学技术大学更是全部专业单限物理。

由此可见，不学物理几乎没有可能就读名校的理工类专业，包括时下最热门的计算机信息类、人工智能类、航空航天类等。

②纯政史地专业数量少。

理化生三科占满了排行榜前列，而纯政史地要求的专业数量较少，学习文科的同学要多考虑不设科目要求的专业。

学 生 活 动

针对必考物理的专业提问。

设 计 意 图

帮助学生了解普通高校本科招生专业中必须选考物理的专业。

为什么要选考物理?   ——高就业率的专业和高薪职业视角

教 师 活 动

（1）下表是人民网微信公众号发布的2017届就业率较高的主要本科专业TOP50，其中打钩的专业是要求考生选考物理的，可以看到有近40个专业要求选考物理。

2017届就业率较高的主要本科专业 TOP50

序号	本科专业名称	毕业半年后就业率 /%	
1	软件工程	96.7	√
2	能源与动力工程	95.8	√
3	电气工程及其自动化	95.6	√
4	物流管理	95.4	√
5	信息管理与信息系统	95.4	√
6	护理学	95.1	√
7	工程管理	95.4	√
8	预防医学	95.4	√
9	园林	94.9	

（续上表）

序号	本科专业名称	毕业半年后就业率/%	
10	数字媒体技术	94.9	√
11	数字媒体艺术	94.8	√
12	电子商务	94.7	√
13	地理科学	94.7	√
14	交通运输	94.5	√
15	机械电子工程	94.4	√
16	康复治疗学	94.3	
17	财务管理	94.2	
18	市场营销	94.1	
19	人文地理与城乡规划	94.1	
20	通信工程	94.1	√
21	小学教育	94.0	√
22	给排水科学与工程	93.9	√
23	物流工程	93.9	√
24	计算机科学与技术	93.9	√
25	信息安全	93.9	√
26	测绘工程	93.8	√
27	车辆工程	93.9	√
28	汽车服务工程	93.7	√
29	交通工程	93.7	√
30	制药工程	93.7	
31	物联网工程	93.6	√
32	医学检验技术	93.6	√
33	自动化	93.5	√
34	人力资源管理	93.5	
35	广告学	93.5	
36	网络工程	93.5	√
37	地理信息科学	93.4	√

（续上表）

序号	本科专业名称	毕业半年后就业率 /%	
38	食品科学与工程	93.4	
39	电子科学与技术	93.4	√
40	国际商务	93.3	
41	工业工程	93.3	√
42	安全工程	93.1	√
43	电子信息工程	93.1	√
44	旅游管理	93.0	
45	药学	92.9	
46	俄语	92.9	√
47	信息工程	92.9	√
48	环境科学	92.9	√
49	土木工程	92.8	√
50	过程装备与控制工程	92.8	√

（2）人民网微信公众号发布的本科毕业生从事的高薪职业 TOP30 及其对应专业（前 3 位）如下表所示，其中月收入包括工资、奖金、业绩提成、现金福利补贴等在内的所有月度现金收入。打钩的是要求选考物理的专业，可以看到绝大部分高薪职业都要求职员有物理学习背景。

本科毕业生从事的高薪职业 TOP30 及其对应专业（前 3 位）

职业名称	2016 届毕业半年后月收入 / 元	对应的本科专业名称	
互联网开发师	6 500	软件工程	√
		计算机科学与技术	√
		电子信息工程	√
计算机软件应用工程师	6 142	软件工程	√
		计算机科学与技术	√
		电子信息工程	√

（续上表）

职业名称	2016 届毕业半年后月收入 / 元	对应的本科专业名称	
游戏策划	6 130	软件工程	√
		计算机科学与技术	√
		艺术设计	
网络设计师	6 126	艺术设计	
		工业设计	√
		软件工程	√
需求工程师	5 962	计算机科学与技术	√
		软件工程	√
		通信工程	√
计算机程序号	5 946	计算机科学与技术	√
		软件工程	√
		电子信息工程	√
计算机系统软件工程师	5 857	计算机科学与技术	√
		软件工程	√
		信息管理与信息系统	√
项目经理	5 683	机械设计制造及其自动化	√
		国际经济与贸易	√
		英语	
融资专员	5 427	金融学	
		会计学	
		国际经济与贸易	√
软件质量鉴定及检验工程师	5 354	软件工程	√
		计算机科学与技术	√
		电子信息工程	√
销售工程师	5 286	机械设计制造及其自动化	√
		电子信息工程	√
		国际经济与贸易	√

（续上表）

职业名称	2016届毕业半年后月收入/元	对应的本科专业名称	
电子工程师	5 232	电子信息工程	√
		自动化	√
		电子科学与技术	√
银行信贷员	5 210	金融学	√
		会计学	
		财务管理	
市场经理	5 210	市场营销	
		国际经济与贸易	
		财务管理	√
翻译员	4 914	英语	
		日语	
		俄语	
一线销售经理（非零售）	4 910	市场营销	
		国际经济与贸易	
		英语	
电气工程师	4 903	电气工程及其自动化	√
		自动化	√
		测控技术与仪器	√
贷款顾问	4 886	金融学	√
		会计学	
		财务管理	√
警察	4 882	法学	√
		法医学	√
		侦查学	√
半导体加工人员	4 835	光信息科学与技术	√
		机械设计制造及其自动化	√
		电气工程及其自动化	√

（续上表）

职业名称	2016 届毕业半年后月收入 / 元	对应的本科专业名称	
计算机技术支持员	4 833	计算机科学与技术	√
		软件工程	√
		信息管理与信息系统	√
金融服务销售商	5 119	金融学	√
		国际经济与贸易	
		市场营销	
房地产经纪人	5 079	市场营销	
		工商管理	
		国际经济与贸易	
个人理财顾问	5 068	金融学	√
		国际经济与贸易	
		财务管理	√
其他计算机专家	5 038	计算机科学与技术	√
		软件工程	√
		信息管理与信息系统	√
销售代表（医疗用品）	5 037	药学	
		市场营销	
		制药工程	√
数据库管理员	4 982	计算机科学与技术	√
		信息与计算科学	√
		信息管理与信息系统	√

（3）物理学科学习难度大，对学生的要求较高，但是选考物理为学生未来的工作发展打下了坚实的基础、提供了充足的保障，同时使学生在职业规划方面有更为广阔的视野和空间。

学生活动

针对感兴趣的就业率高的专业和高薪职业提问。

设计意图

了解就业率高的专业及高薪职业对应的专业中哪些必须选考物理。

为什么要选考物理? ——未来前景行业和热门职业视角

教师活动

（1）根据人民网微信公众号发布的未来前景大放异彩的行业以及相关专业，可以了解到有物理学习背景的学生将会在极具发展潜力的行业中拥有优势。

①交通物流——仅限选考物理的学生。

中国交通运输部与柬埔寨、巴基斯坦、缅甸等国有关部门签署"一带一路"交通运输领域合作文件；中国铁路总公司与有关国家铁路公司签署《关于深化中欧班列合作协议》。

目前，中欧班列累计开行数量已突破 3 700 列；通过 73 个公路和水路口岸，中国与相关国家的客货运输不断拓展。交通物流行业有望迎来重大发展。

相关专业：航运及水路运输类、公路及道路运输类、铁路及轨道交通类等。

②基础设施建设——仅限选考物理的学生。

中国国家开发银行与印度尼西亚"印尼—中国"高铁有限公司签署雅万高铁项目融资协议，与巴基斯坦等国有关机构签署港口、电力、工业园区等领域基础设施融资合作协议。

仅 2016 年，中国在沿线国家新签对外承包工程合同就达 1 260 亿美元，对沿线国家直接投资 145 亿美元。在互联互通基础设施建设方面签署的一系列文件都将有力推动"一带一路"沿线国家基建项目落地。

相关专业：机械类、土木类、建筑类、工程管理类等。

③金融——非常青睐选考物理的学生。

丝路基金新增资金 1 000 亿元人民币；中国鼓励金融机构开展人民币海外基金业务；亚洲金融合作协会正式成立。

习近平总书记多次强调资金融通，指出要建立稳定、可持续、风险可控的金融保障体系。金融行业的发展将为"一带一路"建设提供有力支持。

相关专业：经济学、金融学、产业经济学等。

④清洁能源——仅限选考物理的学生。

国家能源局与瑞士有关部门签署能源合作路线图，与巴基斯坦水电部签署关于巴沙项目及巴基斯坦北部水电规划研究路线图的谅解备忘录和关于中巴经济走廊能源项目清单调整的协议。

当下，绿色发展的理念和实践已得到多方支持，清洁能源有望为"一带一路"未来发展持续提供能量。

相关专业：能源类、材料类、电力类、自动化类等。

⑤旅游管理——非常青睐选考物理的学生。

扩大旅游规模，互办旅游推广周、宣传月等活动，联合打造具有丝绸之路特色的国际精品旅游线路和旅游产品，推动 21 世纪海上丝绸之路旅游合作，这些都需要旅游人才。

相关专业：旅游管理、旅游规划、酒店管理、会展经济与管理、旅游管理与服务教育等。

⑥ "新工科"行业——仅限选考物理的学生。

有关资料显示，我国新一代信息技术产业、电力装备、高档数控机床和机器人、新材料将成为人才缺口最大的几个专业，其中新一代信息技术产业人才缺口将达到 750 万人。到 2025 年，新一代信息技术产业人才缺口将达到 950 万人，电力装备的人才缺口也将达到 900 多万人。

相对于传统的工科人才，未来新兴产业和新经济需要的是工程实践能力强、创新能力强、具备国际竞争力的高素质复合型"新工科"人才，他们不仅在某一学科专业上学业精深，而且具有"学科交叉融合"的特征。

相关专业：信息技术产业、电力装备、高档数控机床和机器人、新材料等。

⑦互联网人才——仅限选考物理的学生。

国务院发布意见提出，互联网与经济社会各领域的融合发展将进一步深化，基于互联网的新业态成为新的经济增长动力，互联网支撑大众创业、万众创新的作用进一步增强，互联网成为提供公共服务的重要手段，网络经济与实体经济协同互动的发展格局基本形成。

目前迅猛发展的大数据、物联网、人工智能、网络安全等新经济领域都出现了人才供给不足现象，暴露出我国工程教育与新兴产业和新经济发展有所脱节的短板。未来互联网人才需求依然紧俏。

相关专业：计算机科学与技术、大数据、网络工程、软件工程、网络安全等。

（2）三大热门职业（公务员、医生、教师）对选考物理的要求。

①公务员。

最适合考公务员的十大专业：工商管理类、财政学类、经济学类、金融学类、经济与贸易类、法学类、计算机类、统计学类、财会审计类、中国语言文学类。其中经济学类、金融学类、计算机类、统计学类都要求选考物理。

②医生。

以中山大学医学院的招生目录为例，生物医学工程、临床医学类、口腔医学、预防医学都要求选考物理。通过更加广泛的分析发现，只要选考物理，几乎可以填报各高校医学院的所有本科专业。

③教师。

必须选考物理的师范类专业：物理学、计算机科学与技术、数学、化学、通用技术、科学教育。理科师范类专业都要求选考物理。

学生活动

针对未来前景行业和热门职业的相关专业提问。

设计意图

帮助学生了解未来前景行业和热门职业对应的专业及选考要求。

学习物理的终极意义　　——宇宙在那里，而我们有思想

教师活动

综上所述，选考物理的学生有着广泛的专业选择、极佳的就业前景、繁多的高薪行业、优质的高校配备，但是学习物理有着更深层次的意义，物理是人类探索未知世界的一门重要学科。教师播放一段流传广泛的物理短视频《决战量子之巅》，激发学生探索自然奥秘、研究自然规律的欲望。

学生活动

观看视频，可以针对视频中出现的物理知识提问。

设计意图

引导学生理解物理是人类探索未知世界的一门重要学科，激发其探索自然奥秘的兴趣。

触觉延伸

一、心路历程

物理选科指导讲座是在物理教学中有效渗透职业生涯教育的重要手段，加强课程内容与学生生活、现代社会和科技发展的联系，关注技术应用带来的社会进步和问题，培养学生的社会责任感，引导学生树立正确的世界观。同时唤醒学生的职业生涯意识，培养学生

初步的职业生涯规划能力，帮助学生走出选课、选专业和选职业时的迷茫，并在学习和工作中发挥自己更大的潜能。

本次讲座通过解答高一学生最常问的几个问题：高中物理学什么？具备哪些素养适合选考物理？选考物理有什么优势？分析新高考文件、专业数据匹配等，在职业生涯规划方面为即将面临分科分班的高一学生厘清思路，找准方向，帮助其选择适合自己的学科组合。

二、分析总结

本次讲座提及各类职业和行业，拓宽了学生的视野，也让学生更加了解选考物理的优势。未来除了选科讲座之外，我们要以开设学科职业课程为主渠道，而不仅仅通过生涯通识课程或实践活动开展生涯教育。各学科教师应在日常教学过程中，围绕学科与专业、职业的关系，引导学生思考将来从事什么职业、选择什么专业、如何规划自己的职业生涯，在潜移默化中使学生逐渐建立良好的职业观念、生涯规划意识并树立职业理想，明确学习的目的，调动学习的积极性和自觉性，为学生的选择和规划提供更实在的帮助。

教学评价

一、教师评价

本次讲座通过解读新高考文件、分析专业数据等手段，帮助高一学生在新高考选科上获得更加清晰的思路和方向。讲座整体效果良好，学生普遍反映较好。

二、学生评价

面对即将来临的选科分班，我们高一学生都比较迷茫，通过聆听本次物理选科指导讲座，我们了解了新高考政策和未来行业发展，对选择物理还是历史有了明确的判断，对职业规划和未来发展也有了更加清晰的认识。

参考文献

［1］中华人民共和国教育部．普通高中物理课程标准［S］．北京：人民教育出版社，2020．

［2］张英考．普通高校本科招生专业选考科目要求又有新变化［J］．考试与招生，2021（9）：55-56．

［3］人民网．就业率100%！年薪50万！让人羡慕的专业来了［EB/OL］．（2019-01-12）．https://mp.weixin.qq.com/s/GPg1jpQpCpo-oeQpfy9Qug．